安徽省内河船员培训学习手册

安徽省内河100总吨以下船舶船员培训实用手册

安徽省地方海事局
安徽省航海学会 编

合肥工業大學出版社

序

安徽地跨长江、淮河、新安江三大水系，境内江河湖泊众多，水运资源丰富，具有发展内河水运得天独厚的自然条件。全省现有营运船舶 2.9 万余艘，船员 13 万余人，渡口 1692 道，渡船 1785 艘，客渡船船员 3000 余人。

随着我国现代化建设的深入发展，内河航运已由干支贯通，走向江海直达，多形式、多层次、多渠道的航运网络已经形成，在国民经济发展中起到了越来越大的作用。加快推进内河水运发展，确保水上交通安全和畅通，急需建设一支思想道德素质高、业务技术能力强的船员队伍。因为，船员作为水路运输的最终实现者和水上交通安全的最终保障者，在保障水上交通安全和防治船舶污染环境、促进水运事业又好又快发展等方面，发挥着重要的作用。

为满足广大 100 总吨以下船舶船员理论学习和培训的实际需要，我们依据《中华人民共和国内河船舶船员适任考试和发证规则》《安徽省乡（镇）客渡船舶交通安全管理办法》和《安徽省小型快速客船交通安全管理暂行办法》，组织有关人员编写了培训实用手册。本书可作为客渡船船员适任培训考试前的学习资料，也可作为渡船船员今后工作中的一部实用工具书。

我们衷心希望广大客渡船船员刻苦学习，认真实践，立足本职岗位，不断提高自己的文化和业务素质，为我省水运事业的快速发展和客渡运安全贡献自己的力量。

编者

目　录

第一章　驾驶常识

第一节　船舶常识

一、船舶各部分组成

船舶是由船体、船舶动力装置、甲板设备等部分组成。

船体是船舶的基本部分，可分为主体部分和上层建筑部分。

主体部分一般指上甲板以下的部分，它是由船壳和上甲板围成的具有特定形状的空心体。船体一般用于布置动力装置、装载旅客、储存燃油等。对于内河 100 总吨以下的船舶（以下简称为“小型船舶”）来说，船舶的上层建筑和舾装部分比较简单，这里就不作介绍了。

船舶的其他设备主要有锚设备、系泊设备、舵设备与操舵装置、救生设备、消防设备等。

二、船舶主尺度的定义及作用

船舶尺度，是表示船体外形大小的尺度，即船舶的长、宽、深及吃水等。船舶的主要尺度（简称主尺度）是表示船体外形大小的基本量度，包括船长、船宽和船深。按照不同的用途，主尺度可分为船型尺度、最大尺度和登记尺度三种。

1. 船型尺度

船型尺度也称为计算尺度或理论尺度。船型尺度是从船体型表面（内表面）上量取的，主要用于船舶的航行性能，如浮性、稳性等计算。

（1）船长：通常指垂线间长，它是船舶首垂线与尾垂线之间的水平距离。

（2）型宽：它是船长中点处，船体型表面之间垂直于中线面的最大水平距离。

（3）型深：它是指在船舶中横剖面处，自龙骨线沿垂直于基平面的方向量至船舶主甲板边线下缘的距离。

（4）型吃水：是自龙骨线（龙骨上缘）沿垂直于基平面的方向量至某一水线的距离。

（5）干舷：它是指船中处从甲板边线上缘向下量至载重线上边缘的垂直距离。可用型深减去型吃水近似得到，仅相差一个干舷甲板的厚度。

2. 最大尺度

（1）全长（或称最大长度）：它是船舶最前端与最后端之间包括外板和两端永久性固定突出物（如车渡船的跳板）在内的水平距离。

（2）全宽（或称最大宽度）：它是包括外板和永久性固定突出物（如护舷材、水翼等）在内的船舶最大水平距离。

（3）最大高度：它是指从船体龙骨的下缘垂直到船舶固定建筑物（包括固定的桅、烟囱等在内的任何构件）最高点的距离。

船舶在停靠码头，进坞，过船闸、桥梁和狭窄航道以及船舶避碰时，都要考虑到船舶最大尺度。

3. 登记尺度

登记尺度是用来丈量船舶、计算吨位的尺度。

（1）登记长度：对内河船舶称为量吨甲板长度，系指量吨甲板型线首尾两端点之间的最大水平长度。量吨甲板系指相邻满载水线以上的第一层全通甲板。如量吨甲板有台阶时，则取其低者，并作延伸线进行量计。

（2）登记宽度：是指在船舶中剖面型线的最大宽度。对内河船舶又称船宽，也就是船舶的型宽。

（3）登记深度：对内河船舶又称型深。

三、船舶排水量、载重量和吨位

1. 排水量

船舶的排水量是船舶自由浮于静水中，保持静态平衡时所排开水的重量。在数值上排水量就等于船舶的重量。根据船舶的装载情况，排水量分为以下三种：

（1）空载排水量：指船体（加固定压载物）、机器、设备、船员及行李等的重量。

（2）满载排水量：指船舶满载时的排开水的重量，包括空船排水量、燃料、淡水及旅客和货物等的重量。一般所说的排水量多指满载排水量。

（3）实际排水量：指船舶装载部分客、货时的排水量。

2. 载重量

载重量指船舶所能装载货物、旅客等的重量，它包括：

（1）总载重量：它等于满载排水量减去空载排水量。

（2）净载重量：它等于总载重量减去燃料、淡水及供应品等的重量，表示船舶运载货物和旅客的能力。

排水量和载重量都是用重量的多少来表示船舶的运输能力，单位是吨。

3. 吨位

吨位是指船舶容积的大小，2.83 立方米为一个容积吨位。包括总吨位和净吨位。

四、甲板设备及使用管理

内河小型船舶的甲板设备主要是简单的锚设备和舵设备。

1. 锚设备

（1）锚设备的组成。锚设备由锚和锚链（或锚缆）组成。

（2）锚设备的用途可以分为停泊用锚、操纵用锚和应急用锚。其主要作用是：

① 停泊用锚（锚泊）。锚泊是指利用锚和锚链的系留力，使船安全停泊的方法。船舶为了装卸货物、避风、扎雾、等泊位等均需抛锚停泊。常见的锚泊方式有单锚泊和双锚泊。

② 操纵用锚。抛锚制动：船舶在驶靠码头时抛锚以减小冲程和控制靠泊速度。

控制船首向：在回转掉头时，为了减小旋回，可采用抛锚掉头；在驶靠码头时，为减小船舶横移速度而抛锚驶靠；在驶离码头时，为了便于驶离作业，可预先抛开锚、拎水锚或倒锚，以便绞锚驶离；为了减少或防止单桨船倒车偏转的影响，采用抛锚倒车后退以稳定船首方向等。

③ 应急用锚。避免碰撞、触礁、搁浅：为了避免与前方近距离的他船或障碍物碰撞、触礁、搁浅时，开全速倒车或操满舵仍难以避免事故发生时，则在水深允许的情况下同时抛锚紧急制动。

利用拖锚、拖链漂航或滞航：船舶在大风浪中无法作有效航行，在船舶失控情况下，为避免船舶打横，可以从船首松出锚或锚链成拖锚、拖链漂航或滞航。

用于船舶搁浅后船体的固定及脱浅：船舶搁浅后，可抛出开锚固定船体，以防止船体受风浪作用造成墩底、打横或向岸漂移，在自力脱浅时，绞收锚链可协助脱浅。

2. 舵设备

（1）舵设备的组成。内河小型船舶舵设备由操舵装置（操舵器）、传动装置、转舵装置和舵叶等主要部分组成。有些挂机船的舵设备仅由舵柄、舵柱和舵叶组成。

（2）舵设备的主要作用。舵设备是操纵船舶的主要设备。船舶在航行中，保持航向或改变航向，主要是依靠舵设备来实现的。一般情况下，前进中操右舵，船首将向右偏转；前进中操左舵，船首将向左偏转；倒车中操右舵，船首将向左偏转；倒车中操左舵，船首将向右偏转。

第二节　船舶操纵的基本知识

一、舵效及其影响因素

1. 舵效

舵效是指船舶在各种不同状态下，用舵设备操作船舶所表现出的综合效果。主要表现为偏转、横移、降速和横倾。船舶如能在较短时间、较小水域内转过较大角度，则舵效好，反之则舵效差。

2. 影响舵效的主要因素

（1）舵角。在极限舵角范围内，舵角越大，舵效越好。

（2）舵叶对水速度。在一定舵角下，舵叶对水速度越大，舵效越好。在船速较低时，常通过提高主机转速来提高舵效，俗称“以车助舵”。

（3）吃水。船舶满载时的舵效较轻载时差。

3. 操舵要领和注意事项

（1）操舵的一般要领。提高操舵技能除了了解舵令、操舵的基本方法和技巧外，重要的是还要了解人性、船性和水性。

① 船舶在某一指定的航向上航行时，因受风、流、浪等外力作用，船首常会偏离航向，这时操小舵角拨正航向，当船首已动，应及时、适当回舵，以防止船首又偏离另一边。

② 应根据变更航向幅度的大小和航速的快慢来决定操舵角的大小。航向变动幅度小，航速快，可用小舵角；反之，则操较大舵角。

③ 当航行中遇到横向风动力、水动力的作用时，应采取正确的操舵方法，克服或利用风、流引起的船舶偏转和漂移。

④ 操舵时应尽量避免或少用急舵或大舵角。

⑤ 船舶在浅区航行时，因舵效降低而舵效不灵，航向不易稳定，操舵要特别小心。

（2）操舵注意事项。

① 操舵时应有高度的责任感，深刻认识安全航行与操舵的关系，集中注意力，正确操作。

② 严格遵守舵令操舵，不得任意改变航向。

③ 要掌握本船的性能，如冲程、应舵时间等，以提高操舵的技术水平。

④ 航速快时，避免用急舵或大舵角。

二、船舶冲程

船舶冲程是指船舶在各种速度情况下，停车或倒车将船完全停住后所行驶的距离。包括停车冲程和倒车冲程。船舶冲程反映了船舶的制动能力。

影响船舶冲程的主要因素有：

（1）排水量。当船速一定时，排水量越大，冲程就越大。通常空载船舶的冲程约为满载船舶冲程的80%。

（2）船速。当其他条件一定时，船舶速度越大，冲程越大。

（3）主机倒车功率。主机倒车功率大，倒车冲程就小。主机换向时间越短，倒车冲程越小。

（4）船舶顺风、顺流航行时冲程较大，反之较小；在浅水域中航行的船舶，其冲程较深水小；船体污底严重，船舶冲程相应减小。

三、风和流对船舶操纵的影响

1. 风对船舶操纵的影响

风对船舶操纵的影响主要有三种情况：一是使船舶产生偏转；二是使船位产生漂移；三是顺风增加船舶冲程，逆风减小船舶冲程。

船舶在风中偏转是船舶所受的风动力转船力矩与水动力转船力矩共同作用的结果。船舶在风中的偏转情况可分为船首迎风偏转和船首顺风偏转。对于内河小型船舶来说，由于航速较慢，当风从正横前吹来时，船首一般会顺风偏转；当风从正横后吹来时，船首会逆风偏转，船尾顺风偏转。为稳定航向，当船首顺风偏转时应当向上风压舵；当船首逆风偏转时应当向下风压舵。

风会使船舶向下风漂移，漂移的快慢与风力的大小以及风舷角的大小有关。这就要求船舶驾驶人员在风中航行时，一是要注意船位的变化，防止船位漂移造成搁浅等；二是要注意转向用舵时机，顺风航行，要适当提前用舵，逆风航行，要适当延迟用舵。

2. 流对船舶操纵的影响

水流对船舶操纵的影响主要表现为以下四个方面：

（1）对航速、冲程的影响。船舶顺流航行时，实际航速等于静水船速加流速；船舶逆流航行时，则实际航速等于静水船速减流速。

船舶逆流航行时，停车或倒车冲程较小，流速越大冲程越小；船舶顺流航行时，冲程较大，流速越大冲程越大。因此，船舶顺流航行，针对停车后降速过程非常缓慢的特点，不论是掉头操纵或避让，应及早停车淌航。

（2）对舵效的影响。由于船舶逆流航行速度较顺流航行速度小，使用相同的舵角，逆流航行时能在较短的距离上使船首转过较大的角度，因此，逆流船的舵效较顺流船好。

（3）对船舶旋回的影响。船舶在均匀水流中作旋回运动，由于受水流的影响，使船舶的旋回圈近似变成椭圆。顺流回转掉头，应估计下流方向的安全漂移距离。顺流掉头所需纵距等于船舶最大纵距与漂移距离、安全富余距离之和。有水流时掌握转向时机与静水时不同。船舶在静水中可在物标接近正横前转向；顺流航行时应提前转向；逆流航行时应延迟转向。使用相同的舵角在车速一定的条件下转过一个相等的航向角，顺流船所需水域比逆流船要大。

（4）对船舶漂移的影响。与风对船位漂移类似，水流对船位的漂移更明显。航行船舶正横前受流时，流速越快，流舷角越大，船速越慢，横向漂移速度也越大；反之越小。

四、浅水效应

船舶进入浅水区时，因船底部过水断面减小，随之流速增加，压力减小，船舶出现船体下沉、吃水增加的现象，称为浅水效应。

船舶进入浅水区会出现：吃水增加，船首偏转，航速、舵效降低，船头水花声消失，向深水一侧跑舵等现象。容易发生吸浅、倒头等不安全因素，甚至导致搁浅。因此，船舶进入不适航的浅水区域应采取如下措施：

（1）保持足够的剩余水深：为了保证船舶在浅水区的安全航行，航行船舶必须留有足够的富余水深，防止搁浅。

（2）减速行驶：船舶在浅水区域快速航行，会导致浅水阻力急剧增加，对于提高航速毫无意义，且浪费燃料，加大主机磨耗，增加吸浅或搁浅的危险。

（3）连续测深：连续测深是船舶进入不适航浅水区的必要措施。

（4）提高船舶控制能力：一是要早用舵，早回舵，用舵舵角要适当增大；二是慢车与常车要交替使用，以保证船舶拥有足够的控制能力。

（5）备锚：为防止船舶驶入不适航浅水区，因操纵灵活性降低或船舶出现“跑舵”等原因而发生“倒头”、失控等危险局面，在船舶驶入浅水区前，应通知水手备锚，必要时使用。

五、船舶掉头的方法及注意事项

内河小型船舶的掉头作业比较频繁。将船首向改变180°的操纵称为船舶掉头操纵。不同的掉头方法适用于不同的船舶和外界环境，驾驶员应根据本船的操纵性能和当时的客观条件，正确选用合理的掉头操纵方法。这里只介绍内河小型船舶常用的两种方法。

1. 连续进车掉头

（1）适用条件：

在航道宽度大于船舶旋回初径的条件下，可采用连续进车回转掉头方法。该方法的特点是操作简便，需时最短。

（2）操纵要点：

① 船舶在驶抵选定的掉头地点之前，先向掉头的相反方向操舵，拉大档子，腾出水域，以供船舶安全回转之用（在狭窄河道中掉头更为必要）。

② 降低车速以降低船速。

③ 向掉头方向转舵，当船首改向35°～40°时，恢复常速，以加大船舶回转角速度。

④ 当掉头接近完成时，应及早回舵，必要时可操反舵，以调顺船身，防止船尾扫岸或触礁。

2. 进退车掉头（单螺旋桨船舶）

（1）适用条件：

在强风中，如果船舶前部上层建筑物受风面积大、航道宽度又较窄的条件下，多采用进、倒车掉头。

（2）操纵要点：

① 船舶在驶抵选定的掉头地点之前，先向掉头的相反方向操舵，拉大档子，腾出水域，以供船舶安全回转之用。

② 向下风方向操舵，使船首向下风岸回转。

③ 当船首转过40°～60°时，停车，然后开倒车，由于惯性作用，船舶仍向前移动一段距离。

④ 待船尾退至接近航道上风侧边界时，又改为进车，反舵，继续回转，直至整个掉头作业完成。

（3）注意事项：

① 采用进、倒车掉头时，应了解本船螺旋桨反转时向后拉力能否克服当时风动力对船尾的作用和船舶的后退惯性。

② 应充分考虑船、桨、舵效应横向力的影响。

六、靠泊操纵

1. 系缆的名称和作用

内河船舶驶靠码头时使用的系缆名称有首缆、尾缆、首倒缆、尾倒缆、横缆。

① 首缆又称拎水缆，是由船首向前带向码头，其作用是不使船舶随水流下移并使船首贴靠码头。

② 尾缆是由船尾向后带向码头，其作用是防止船舶向前移动，抵抗来自船尾的风动力和水动力的作用。

③ 首倒缆是由船首向后带向码头，其作用与尾缆相似。当采用开尾驶离码头时，该缆是关键的系缆。

④ 尾倒缆又称坐缆，是由船尾向前带向码头。它除了具有首缆的作用外，当采用坐缆驶离时，该缆是关键的系缆。

⑤ 横缆的出缆方向大致与船舶首尾线相垂直，是由船舶直接带向码头。其主要作用是防止船舶向外移动。

2. 靠泊操纵要领

（1）控制速度。船舶驶靠码头控制速度是关键，在保持舵效的基础上，余速慢些为好。控制余速掌握慢车、停车时机，根据船舶冲程，结合当时当地风、流方向和速度来确定。为易于控制速度，一般均顶流驶靠。

（2）摆好船位。船舶驶靠码头的船位通常是指慢车、停车的船舶位置，用纵距和横距来衡量。

纵距是指靠泊船的船首在停车淌航时至泊位上端点的纵向距离。一般情况下，纵距为 2～3 倍船长，视风、流情况及船舶冲程大小作适当调整。

横距是指靠泊船在驶抵泊位正横位置处距码头外缘线的垂直距离。一般为1~2倍船宽，并视风、流情况适当增减。

（3）调整好驶靠角。驶靠角是指船首向与码头外缘延长线之间的夹角。一般来说，在急流、困挡水水域内、吹拢风驶靠码头时，驶靠角宜小，必要时将船首略向外扬；在空船、缓流水域、吹开风时，驶靠角宜大。在淌航前进中，应不断调整而获得较好的驶靠角。

3. 靠泊的基本方法

（1）滑行驶靠（又称小角度驶靠）。滑行驶靠又称小角度驶靠或游移驶靠。主要是适合在水流平缓、风力较小、码头下方水域宽敞的码头。

慢车接近码头下方（顺流船掉头后），摆好船位：纵距约为2~3倍船长，横距约为1~2倍船宽，调整好驶靠角，约为15°。及时停车，利用余速靠上码头。

（2）横移驶靠（又称嵌档驶靠）。横移驶靠又称嵌挡驶靠或平移驶靠。主要是在码头附近水域水流较急或泊位上、下方均有他船靠泊的情况下使用。

一般情况下，控制船舶的前后移动以调整车速为主，船舶横向移动速度的控制以调节流舷角的大小为主，操舵的方向及舵角的大小主要视控制船舶的流舷角的需要而定。

（3）大角度驶靠。在有强吹开风或遇弱流情况下，如采用滑行或横移驶靠较为困难，此时应采用大角度驶靠。

操纵要点是根据风、流影响大小采取适宜的驶靠角度和及时停车或倒车制动，并及时带上首倒缆。

七、离泊操纵

1. 操纵要领

（1）确定开首或开尾：

开首即船首先离开码头。条件是无风、顶流、吹开风、泊位前方清爽无碍，螺旋桨即舵不会触及码头。

开尾即船尾先离开码头。条件是尾吹拢风，落潮靠涨潮开或涨潮靠落潮开，码头附近有回流，顺流靠及船尾的螺旋桨、舵可能触碰尾后的停泊船、障碍物等。

（2）掌握驶离角：

驶离角的大小，在常流及首前方水域清爽时可小些，首前方有碍或有吹拢风以及回流时，尾后来风不明显或后方障碍物太开时，驶离角应大些。

（3）控制船舶的前后移动：

一般系泊挡子前后活动余地有限，要求用车不能过大；船舶的前后移动应靠滞、溜缆绳和车、舵来控制；在驶离码头时，应考虑船舶前后及外挡的余地。

（4）防止系缆绞缠螺旋桨：

解缆时应尽快收进，特别是尾部系缆，要求船尾和驾驶台之间取得密切联系，在尾缆未收清前切勿动车。在双螺旋桨船上，为防止缆绳缠桨，一般先用外舷车。

2. 离泊的基本方法

（1）小角度驶离。适合船舶系靠码头的前方水域宽敞无碍，水流平稳。在运用此法离泊时，要求在解缆后开慢进车，稍用外舵，使船首外扬一小角度，防船尾扫碰码头，待船尾完全驶离码头后，再常车驶出。

（2）开尾倒车驶离。开尾倒车驶离又称飞稍倒车驶离，在顺流、回流、尾后来风或吹拢风，或前方有障碍物等，不宜使用开首方法驶离时，可用此法。操作时，解缆后将舵转向内侧开慢进车（双车船可用鸳鸯车），使船尾转离码头，也可用首倒缆进车内舵甩尾，至一定角度后停车、正舵，再开倒车驶离。

第三节 气象常识

内河小型船舶的船舶驾驶人员要时刻警惕注意航区内的天气变化，是否会遇到风暴、浓雾、雨雪等恶劣天气，以及这些天气给船舶航行安全可能导致的危害。为此，驾驶人员掌握一些气象常识是十分必要的。

气象台用无线电通讯方式向各地（或船舶）发播的天气情报，称为天气预报。其内容包括天气形势预报和气象要素预报。天气形势预报是对天气系统的移向、移速和强度变化的预报。气象要素预报是对风向、风力、降水、气温、能见度及天气状况的预报。

一、灾害性天气预报

（1）大风：预计在未来48小时之内本地平均风力达有6级以上，最大风力8级以上时，发布大风消息。

（2）消息：大范围灾害性天气（如台风、寒潮）将于24小时后有可能影响本地区，即发布“消息”。

（3）警报：预计灾害天气（如台风、寒潮）在未来48小时内将影响本地区时，即发布“警报”。

（4）紧急警报：预计灾害天气在未来24小时内将影响本地区时，即发布“紧急警报”，如台风紧急警报等。

二、几种常见的不良天气

（1）雾：雾对船舶的安全有着直接的影响，在一定的条件下，水面上很容易产生雾，特别是浓雾，会使能见度变得较差，容易造成航行事故。因此，船舶驾驶人员必须具备有关雾的知识。

雾的产生在时间上是不定的，一年四季都有可能，一般与天气系统的变化以及季节的更替有关。有的雾持续时间长、范围大，如平流雾；有的雾持续时间短、范围小，如辐射雾、蒸发雾等。春末夏初、秋末冬初很容易起雾；久雨初晴、夜晚晴朗的天气也很容易起雾；在秋冬季节，昼夜温差和相对湿度都较大，若太阳落山时出现很红的晚霞，这预示着很可能起雾。

对于内河小型船舶来说，能见度恶劣时是不准航行的。

（2）雷雨大风（强对流天气）：这种天气往往是突发的。来得快而猛，电闪雷鸣，狂风暴雨，风力通常在 8 级以上；持续时间不长，一般在半小时左右；范围一般不是太大。

这种天气的出现虽然有突发性，但也是有预兆的。一般是天气比平常更加闷热，湿度大、气压低，夏秋季节容易出现。降临前天空突然昏暗，能见距离急剧下降，乌云滚滚而来，云体下压等。

对于内河小型船舶来说，出现这种雷雨大风天气是不准航行的。

（3）台风：是热带气旋的最高级别，风力在 12 级以上。现代科技对台风的预报是比较准确的。影响我国大陆的台风主要出现在每年的 7 ~ 9 月份。

对于内河小型船舶来说，出现台风天气是不准航行的。

（4）冰冻：冬季气温低，下雪、冰冻将给小型船舶安全管理带来许多不利因素，主要表现在船舶、码头积雪或结冰后，影响船员作业和乘客上、下船安全；另外，冰冻对船舶主机运转安全有一定影响，船员应当做好以下工作：

① 及时清扫船舶、码头及其过道上的积雪，如已结冰，应当采取措施铲除或熔冰。

② 在船舶、码头及其过道上加铺防滑麻袋、草垫等防滑物品。

③ 提醒乘客慢行，注意上、下船舶安全，必要时予以协助。

④ 船员应当做好自身防冻安全保护。

⑤ 主机用车前需暖车，用车时先小车，待主机冷却水温升高至正常值后，再逐渐加大车速航行。

第四节　几种特殊情况下的船舶操纵

一、船舶碰撞

碰撞是指船舶与船舶之间或船舶与水上移动式装置之间发生接触造成损害的事故。船舶发生碰撞事故的原因很多，主要是驾驶人员的责任心不强、思想麻痹、没有严格地履行职责及违反规章制度等引起的。

1. 预防碰撞事故的措施

（1）严格执行《内河避碰规则》中的避让原则，两船相遇有碰撞危险时，让路船应早让、宽让、主动让，被让路船应当协同配合操作。

（2）对来船所发出的信号或灯光显示有怀疑时，应先采取减速措施，弄清来船动态后，再常速行驶。

（3）避免在狭窄、弯曲、浅滩、桥梁等航段会船或追越。

（4）在雾中航行应按规定鸣放雾号，加强瞭望和测深，谨慎驾驶，切忌冒雾航行。

2. 发生碰撞后的紧急处理措施

当船舶已经发生碰撞，驾驶人员必须保持镇静、沉着和清醒应对碰撞局面，全面考虑生命和财产安全，在措施上必须做到不延误应变的时机，要避免惊慌失措，顾此失彼。这里着重介绍抢滩。

抢滩是指船舶面临危险时，利用附近浅滩主动搁浅，以争取时间实施自救、等待救援或避免船舶沉没于主航道而全损的自救性措施。

（1）选择抢滩点的注意事项：

① 抢滩处河床底质：泥、沙、沙砾底均可，礁石底不可抢滩。

② 抢滩处坡度：若条件允许应尽量选择适合于该船的坡度。

③ 抢滩处水深：抢滩后船体主甲板应露出水面。

④ 抢滩处风、流和波浪：若条件允许，抢滩处流速应较缓，风和波浪影响应较小。

⑤ 抢滩处周围环境：应有利于系固船舶，并尽可能远离航道，便于出滩和施救作业。

（2）抢滩、出滩作业步骤：

① 抢滩前应尽量利用压载水或者旅客移动来调整船舶吃水差，以与抢滩处坡度吻合。

② 一般多采取船首上滩方式。

③ 随着船首上滩，可抛双锚，起稳定船身和出滩时用。

④ 抢滩后应尽快堵好漏洞或初步修复，排尽积水，做好出滩准备工作。

⑤ 出滩时，打出压载水，绞收双锚，配合倒车或请拖船协助出滩。

二、船舶搁浅与触礁

搁浅是指船舶搁在因误入水深小于其吃水的浅滩上或因故搁在河床浅处，失去浮力，不能行驶的现象。触礁是指船舶在航行中触碰礁石、水下物体等，造成船舶受损，漏水或沉没的意外事故。

1. 出现搁浅或触礁危险时的紧急措施

航行中的船舶，无论何种原因致使搁浅或触礁不可避免时，切忌惊慌失措，应设法采取措施减轻搁浅程度。避免船体损伤的应急措施如下：

（1）及时用倒车或抛锚来控制船舶惯性冲程，避免或减小船舶搁浅或触礁的程度。

（2）当搁浅或触礁不可避免时，应尽量避开礁石，使船搁浅在较平坦的沙滩上。

（3）当搁浅或触礁不可避免时，宁使船首受损亦要保护好船尾的螺旋桨和舵设备。

（4）船已搁浅，应立即停车，迅速查明情况，然后决定是自力脱浅还是请求援助脱浅，切勿存在侥幸心理，滥用车、舵操作船舶。

2. 搁浅或触礁后的应急措施

（1）切忌盲目动车。如盲目动车，可能导致船体、螺旋桨和舵设备受损加重。

（2）显示信号。船舶搁浅后，应在白天显示号型（在桅杆的横桁上垂直悬挂三个黑球），夜间显示号灯（锚灯与垂直两盏红色定光环照灯），使来往船舶注意。

（3）紧急报告。船舶发生搁浅或触礁后，应立即告知公司和海事机构，如实详细记载航行日志。

（4）调查情况。立即检查或关闭与航道相通的水密门盖。要测定船位、查清船底破损及进水、弄清船舶吃水和周围的水深及底质等情况，以及观察水位与潮汐、关注未来天气等情况。

（5）保护船体。船舶搁浅后可能发生墩底、向岸漂移或打横。因此，搁浅后应设法固定和保护船体。

3. 脱浅方法

（1）使用主机脱浅。适用条件：若船舶搁浅后其程度轻微，船尾部有足够水深，可在确定脱浅线路后，运用主机倒车脱浅。操纵方法：倒车时，一般应从慢速逐渐增至快速，当快倒车无效时，可改用半速进车并配合左、右满舵来扭动船体。

（2）调整吃水差脱浅。适用条件：船舶的一端或一舷搁浅，另一端或另一舷有足够水深。操纵方法：采用移动船用燃料油、淡水、压载水、货物或旅客的方法，以减轻搁浅一端或一舷的压力，再配合主机使船脱浅。移载时要注意，以免脱浅后产生较大的纵倾或横倾，使船舶发生危险。

（3）绞锚脱浅。适用条件：若绞锚产生的拉力足以使船舶脱浅，则可采用绞锚脱浅法。操纵方法：用小艇将锚运出抛投，出锚的方向要根据在船舶周围测深的情况、船体和搁浅的位置、风向和流向来确定。锚索最好连接在绞辘上，开动锚机或绞车，同时配合用车脱浅。

三、主要设备损坏时的船舶操纵

1. 舵失灵及损坏时的措施

舵失灵是指舵设备系统临时发生故障使航行船舶失去控制能力的现象。船舶发生舵失灵及损坏时的应急措施：

（1）立即启用应急舵操舵系统，减速停车，并报告船长，通知机舱。

（2）悬挂舵失灵信号：白天显示号型（在桅杆的横桁上垂直悬挂两个黑球），夜间显示号灯（左、右舷灯、尾灯与垂直两盏红色定光环照灯）。

（3）双螺旋桨船可利用主机进、倒车短时间操纵船舶。

（4）在情况危急或航行条件受到限制时，应立即停车，并抛双锚稳住船体。

2. 缆绳绞缠桨叶时的应急措施

船舶在码头或拖带、顶推船舶时，由于操作不慎而使缆绳落入水中绞缠螺旋桨桨叶时，应立即停车、抛锚，并设法加以清除，否则易损坏螺旋桨及主机。

（1）缆绳绞缠桨叶的清解方法：

① 清解缠绕螺旋桨的缆绳时，应将留在船上的一端系固，切不可送放下水。

② 然后在机舱内用人力将地轴反转。每转一周，船尾的绳头收紧一次，经多次旋转和收紧后，即可解脱。

③ 如难以清解且无法在水面上清解时，则需派人下水检查清解或压首、抬尾清解，或进坞修理。

（2）防止缆绳绞缠桨叶的方法：

① 用车前，解船尾系缆必须与驾驶台保持联系。

② 靠泊作业前，一定要把从导缆孔出的缆绳头放在船尾甲板上。

③ 离泊时迅速收起落入水中的缆绳，待全部缆绳从导缆孔收进后，才能用车。

3. 主机损坏时的措施

（1）航行船舶，如遇主机损坏或发生故障，应立即设法借助惯性用舵控制航向，尽可能操纵船舶于航道边缘较浅的水域或缓流区航行。

（2）备锚并测量水深。

（3）悬挂主机失灵信号：白天显示号型（在桅杆的横桁上垂直悬挂两个黑球），夜间显示号灯（左、右舷灯、尾灯与垂直两盏红色定光环照灯）。

（4）锚泊后，组织机舱人员尽力抢修。

（5）如船舶通过大桥、浅险水道，或有碰撞危险时，应立即抛下双锚，控制船舶前进，以减小损失。

（6）如损失程度严重，不能自修，应拖往船厂修理，并将发生的情况详细记入航行日志。

四、弃船及注意事项

弃船是船舶发生水上交通事故且不能挽救危局时，为了救助船上人命，船长采取的弃置船舶的措施。

弃船注意事项：

（1）在弃船前，除紧急情况外，船长应当报请船舶所有人同意。

（2）弃船前，船长应当指挥船员尽力抢救航行日志、机舱日志、油类记录簿、航行图、现金、账册、贵重物品等，并应有专人负责带离船。

（3）弃船前，船长应尽力操纵船舶，使其沉没于航道外靠岸的浅水区，以不碍航和便于以后打捞。

（4）弃船时，船长必须采取一切措施，首先组织老、弱、妇、幼和旅客安全离船，然后安排船员离船，船长应当携带降下的国旗最后离船。

（5）弃船时，如果船舶倾斜过度，应从船首或船尾离船，离船后应尽量游开并寻找漂浮物待救。各艇筏应在遇难船附近搜寻落水人员。

五、人落水的应急措施

（1）立即停车，并向落水者一侧操舵，使船尾摆开，以免落水者被螺旋桨或船尾所伤。

（2）扔下救生圈或其他漂浮物，以便落水者攀附。

（3）报告船长，发出人员落水警报，显示、鸣放信号，同时通知机舱备车，准备救生设备救助。

（4）派人携带望远镜登高瞭望，不断报告落水者的方位和大概距离。

（5）在航道条件许可的情况下，船舶应及时掉头驶回人落水的位置，尽力搜索援救落水者。凡过往船舶都有责任协助寻救。

（6）风浪中救助落水人员时，救助船应驶向落水者的上风舷，在下风舷放下救生艇（舢板）施救落水者。

第二章　避碰与信号

避碰与信号是由《中华人民共和国内河避碰规则》（下文简称《内河避碰规则》）规定的，内容较多。对内河小型船舶船员来说，着重了解和掌握一些与渡船相关的内容是十分必要的。

第一节　总则（节选）

一、宗旨

为维护水上交通秩序，防止碰撞事故，保障人民生命、财产安全，制定本规则。

二、适用范围

在中华人民共和国境内江河、湖泊、水库、运河等通航水域及其港口航行、停泊和作业的一切船舶、排筏均应当遵守本规则。

三、责任

船舶所有人、经营人以及船员应当对遵守本规则的疏忽而产生的后果，以及对船员通常做法所要求的或者当时特殊情况要求的任何戒备上的疏忽而产生的后果负责。

四、相关定义

（1）“顺航道行驶”是指船舶顺着航道方向行驶，包括顺着直航道和弯曲航道行驶。

（2）“横越”是指船舶由航道一侧横向、接近横向驶向另一侧，或者横向驶过顺航道行驶船舶的船首方向。

（3）“对驶相遇”是指顺航道行驶的两船来往相遇，包括对于或者接近对遇、互从左舷或者右舷相遇、在弯曲航道相遇，但不包括两横越船相遇。

（4）“能见度不良”是指由于雾、霾、下雪、暴风雨、沙暴等原因而使能见度受到限制的情况。

（5）“渡船”是指内河Ⅰ级航道内，单程航行时间不超过 2 小时，或者单程航行距离不超过 20 公里，其他内河通航水域单程航行时间不超过 20 分钟的用于客渡、车渡、车客渡的船舶。

第二节　航行和避让

一、瞭望

船舶应当随时用视觉、听觉以及一切有效手段保持正规的瞭望，随时注意周围环境和来船动态，以便对局面和碰撞危险做出充分的估计。

1. 瞭望的含义和重要性

从船舶碰撞意义上讲，“瞭望”主要是指对船舶周围的环境和情况，特别是来往船舶及其动态进行观察、了解和判断，是船舶不断收集和鉴别周围其他船舶信息的过程。

保持正规的瞭望是确保船舶航行安全的首要因素。船舶碰撞事故统计结果表明，无人瞭望或未保持正规的瞭望是导致船舶碰撞事故的重要原因。

广大船员必须清楚地认识到，保持正规瞭望，以便及早发现并判明其动态，是及时准确地对会遇局面和碰撞危险做出充分估计、进行碰撞决策以及采取避碰行动的先决条件。

2. 瞭望的适用范围

瞭望条款适用于每一条船舶。不论船舶的用途、种类、大小、动态如何，只要符合《内河避碰规则》定义的船舶，就有责任和义务遵守瞭望条款。

瞭望条款适用于任何时候。不论是白天还是黑夜，能见度良好还是不良，航行在顺直航道还是弯曲航道，船舶都要保持正规的瞭望。

此外，保持正规的瞭望不仅适用于值班驾驶员，而且适用于任何其他负有瞭望职责的人员。

3. 瞭望手段

对内河小型船舶来说，瞭望的手段主要有以下两种：

① 视觉瞭望。视觉瞭望是保持正规瞭望最基本，也是最重要的常规手段。其优点是简易、方便、直观，并能迅速地获得准确的信息。在任何能见度下，放弃视觉的瞭望，将被认为是一种违反正规瞭望的行为。即使装置有现代化助航设备的船舶，视觉瞭望仍是一种最主要的基本手段。视觉瞭望不足之处在于受能见度不良的限制。

② 听觉瞭望。听觉是能见度不良时保持正规瞭望的基本手段之一。在能见度不良的情况下，驾驶室门窗不能关严，尤其是在浓雾中，它可以在视觉无法觉察的情况下，首先获得他船鸣放的雾号，从而判断他船的大概方位及其动态。听觉瞭望不足之处在于声号传播受外界干扰较大。

二、安全航速

船舶在任何时候均应当以安全航速行驶，以便能够采取有效的避让行动，防止碰撞。船舶决定安全航速时，应当考虑能见度、通航密度、船舶操作性能、风、浪、流及航道情况和周围环境等主要因素。

机动船经过要求减速的船舶、排筏、地段和船舶装卸区、停泊区、鱼苗养殖区、渡口、施工水域等易引起浪损的水域，应当及早控制航速，并尽可能保持较开距离驶过，以免浪损。由于本身防浪能力或者防浪措施存在缺陷的，不能因本条款规定而免除责任。

1. 安全航速的含义

何谓“安全航速”，《内河避碰规则》未明确定义，也没有做出任何“量”的规定。但“安全航速”应符合“三性”要求：

经常性——能在任何时候均应保持安全航速。

应变性——能够采取适当而有效的避碰行动，防止碰撞和浪损。

适应性——能适合当时环境及其情况的要求。

由此可见，广义的“安全航速”是指能够采取适当而有效的避碰行动，并能适合当时环境和情况的要求，达到避免碰撞和浪损的速度。

2. 决定安全航速应考虑的因素

（1）能见度情况

能见度是决定安全航速时应当考虑的首要因素。

（2）通航密度情况

通航密度通常是指单位面积水域中船舶的密集程度。

（3）船舶操纵性能

船舶操纵性能通常包括航向稳定性能、旋回性能与启动、制动性能等。

（4）风、浪、流及航道情况和周围环境

风、浪、流作为影响船舶操纵的外界因素，均对船舶操纵性能产生直接影响，使船舶航速、航向、船位、纵横倾等要素随之发生改变。

三、避让原则

船舶在航行中要保持高度警惕，当对来船动态不明产生怀疑，或者声号不统一时，应当立即减速、停车，必要时倒车，防止碰撞。采取任何防止碰撞的行为，应当明确、有效、及早进行，并运用良好的驾驶技术，直至驶过让清为止。

船舶在避让过程中，让路船应当主动避让被让路船；被让路船也应当注意让路船的行动，并按当时情况采取行动协助避让。

两机动船相遇，双方避让意图经声号统一后，避让行动不得改变。

1. 避让时机的掌握

船舶在航行中当发现来船动态不明产生怀疑或者声号不统一时，应当立即减速、停车，必要时倒车，防止碰撞。

因为“减速、停车，必要时倒车”的行动，有利于争取到避让所需的时间和距离，以便于进行判断、交换和统一意图，及时采取有效避让行动消除碰撞危险。所谓“立即”，是指减速行动要果断迅速、毫不犹豫，争取避让的有利时机。

船舶在航行中当发现来船动态不明产生怀疑或者声号不统一时，应避免盲目转向。否则，不但起不到避让作用，反而造成对局面的误解和避让行动的不协调，人为导致碰撞事故。

2. 采取避让行动的要求

船舶采取任何防止碰撞的行为，应当明确、有效、及早进行，并运用良好的驾驶技术，直至驶过让清为止。两机动船相遇，双方避让意图经声号统一后，避让行动不得改变。

所谓“明确”是指避让双方的避让意图和行动都要清楚明朗，相互易于察觉，从避让意图到避让行动连贯统一，而不致产生错觉、怀疑或误解。

所谓“及早”是指采取避让行动在时间和距离两个方面都留有余地，避免一方行动的不协调来不及采取行动。

所谓“有效”是指避让双方在避碰过程中，为了保证达到在安全的距离驶过的预期效果，应细心检查行动上的有效性。

所谓“驶过让清”是指两船相遇在采取相应的有效避让后，已经安全距离驶过，且不再存在任何碰撞危险并已进入正常航行。

避让行动的“明确、及早、有效、让清”是对船舶避让全过程所提出的总要求，可概括为避让行动的“明、早、宽、清”。“明”是对避让意图和行动协调一致的要求；“早”是对避让时机的要求；“宽”是对避让幅度和有效性的要求；“清”是对避让结果和目的的要求。每一个环节相辅相成，缺一不可。

两机动船相遇，双方避让意图经声号统一后，避让行动不得改变。这是因为如其中一方避让行动的突然改变，势必抵消对方的避让行动，人为造成避让的不协调，如双方距离逼近，使对方措手不及，导致发生事故。

3. 让路船与被让路船

根据《内河避碰规则》的规定，两船相遇，必然有一船是让路船，而另一船为被让路船。让路船应当主动避让被让路船；被让路船也应当注意让路船的行动，并按当时情况采取行动协助避让。

四、机动船横越和交叉相遇，存在碰撞危险时的避让行动

机动船在横越前应当注意航道情况和周围环境，在确认无碍他

船行驶时，按规定鸣放声号后，方可以横越。除另有规定外，机动船横越和交叉相遇时，应当按下列规定避让：

横越船都必须避让顺航道或河道行驶的船，并不得在顺航道行驶船舶的前方突然和强行横越。

同流向的两横越船交叉相遇，有他船在本船右舷者，应当给他船让路。

不同流向的两横越船相遇，上行船避让下行船。

在湖泊、水库两船交叉相遇，有他船在本船右舷者，应当给他船让路。

（1）横越船应当避让顺航道或河道行驶船（简称“横让顺”）：通过强化横越船的避让责任，限制机动船的横越行为，减小对顺航道或河道行驶船舶的阻碍和交叉相遇的形成，从而保障顺航道或河道行驶船舶安全、高效、畅通。

（2）对同流向的两横越船以及在湖泊、水库两船交叉相遇，明确了让路船和被让路船：有他船在本船右舷者，应当给他船让路（简称“居左船让居右船”）。

（3）对不同流向的两横越船相遇，明确了让路船和被让路船：上行船避让下行船（简称“上让下”）。水流对不同流向的两横越船的操纵性能影响较明显，所以本条款是按照船舶操纵性能的优劣来确定船舶之间避让责任原则的。

五、船舶在能见度不良时的行动

船舶在能见度不良的情况下航行，应当以适合当时环境和情况的安全航速行驶，加强瞭望，并按规定发出声响信号。

除已判定不存在碰撞危险外，每一船舶当听到他船雾号不能避免紧迫局面时，应当将航速减到能维持其航向操纵的最低速度。

无论如何，每一艘船舶都应当极其谨慎地驾驶，直到碰撞危险过去为止，必要时应当及早选择安全地点锚泊。

按照规定，船舶在能见度不良（特别是大雾）时是不准航行的。假如在航行中突然遇雾就应当按照这条的规定来执行。

1. 适用范围

（1）适用水域。适用于能见度不良的水域中或在其附近水域。

所谓“能见度不良的水域中”是指船舶航行作业已进入能见度受限制的水域；而“在其附近”是指船舶虽处于能见度良好的水域中，但在其附近水域能见度不良。

（2）适用船舶。适用于上述水域航行中的任何船舶。

通常情况下，以机动船号笛最小可听距离 1 千米为依据，当能见度小于 1 千米时，则认为处于能见度不良状态，应鸣放雾号。

2. 行动规则

船舶在能见度不良的情况下航行，应当以适合当时环境和情况的安全航速行驶，加强瞭望，并按规定发出声响信号。

（1）以安全航速行驶。安全航速是决定船舶采取有效避让行动的关键。在能见度不良的情况下，船舶以安全航速行驶，所采用的航速必须适合当时的环境和情况。

（2）加强瞭望。正规瞭望是船舶航行与避让全过程的首要环节。船舶在能见度不良的情况下航行，因视觉瞭望受到限制，不易及早发现和正确识别来船，给船舶航行和避让带来困难。所以，本条款提出了“加强瞭望”的要求，要求瞭望人员、手段、位置予以保障。

（3）按规定鸣放声号。船舶在能见度不良的情况下航行，应按下列要求鸣放声号。其目的是随时引起他船注意，便于他船觉察判定，及早采取有效避让行动。

船舶在能见度不良的情况下航行、停泊，应当发出的声响信号为在航的机动船应当每隔约 1 分钟鸣放声号“一长声”；在航的客渡船应当每隔约 1 分钟鸣放“两短一长声”；在航人力船应当每隔约 1 分钟急敲号钟或者其他有效响器约 5 秒钟。

第三节　声响信号

声响信号是用来表示本船意图、行动或者需要引起其他船舶注意的信号。

根据《内河避碰规则》的规定，机动船应当配备号笛一个、号钟一只。非自航船、人力船应当配备号钟或者其他有效响器一只。

一、常用声号及其含义

（1）一短声：我正在向右转向；当和其他船舶对驶相遇时，要求从我左舷会船。

（2）两短声：我正在向左转向；当和其他船舶对驶相遇时，要求从我右舷会船。

（3）三短声：表示正在倒车或者有后退倾向。

（4）四短声：不同意你的要求。

（5）五短声：怀疑对方是否已经采取充分避让行为，并警告对方注意。

（6）一长声：我将要离泊；我将要横越；要求来船或者附近船舶注意。

（7）两长声：我要靠泊；我要求通过船闸。

（8）三长声：有人落水。

（9）一长一短声：掉头时，表示“我向右掉头”；进出干、支流交汇水域或者汊河口时，表示“我将要或者正向右转弯”。

（10）一长两短声：掉头时，表示“我向左掉头”；进出干、支流交汇水域或者汊河口时，表示“我将要或者正向左转弯”。

（11）两短一长声：能见度不良时，表明“我是客渡船”。

二、遇险信号

（1）船舶遇险需要其他船舶救助时，应当同时或者分别适用的信号有：

① 用号笛、号钟或者其他任何有效响器连续发出急促短声。

② 用无线电或语音发出“求救”信号。

③ 人力船遇险时白天摇红色号旗，夜间摇红光灯或红光手电筒。

船舶遇险后可通过手机拨打水上险情专用报警电话“12395”或当地水上搜救机构、海事管理机构值班电话报警。

（2）除船舶遇险需要救助外，可能与上述信号有混淆的其他信号，都禁止使用。

（3）任何船舶如见他船遇险，也可以代发上述求救信号，但应当说明遇险船舶的船名、位置。

（4）遇险船舶向水上搜救机构、海事管理机构报警时，尽可能说明下列内容：

① 船名、联系方式和救助需求。

② 险情种类、发生的时间和地点。

③ 遇险人数及伤亡情况。

第四节　驾驶实际操作练习

根据培训手册中学习过的船舶操纵和避碰与信号的相关知识内容，对下列选题进行实际操作练习：

（1）船舶驾驶练习包括操舵控制船舶航向、船舶进车掉头和进退车掉头。

（2）安全航速的理解和掌握练习。

（3）掌握风和流对船舶操纵的影响练习。

（4）掌握船舶冲程练习。

（5）掌握常用声号和遇险信号练习。

（6）船舶发生碰撞后的应急措施。

（7）船舶遇险求救报警练习。

第三章 轮机常识

第一节 船舶动力装置

一、柴油机常识

柴油机是一种以柴油为燃料的压燃式往复运动内燃机。柴油机的本质特征是利用压缩产生的高温引燃柴油和空气的混合物。

1. 常用名词

（1）缸径：气缸套的内径，单位是毫米（mm），例如缸径135代表气缸内径是135毫米。

（2）上止（死）点：柴油机活塞在气缸中运动到最上端的位置。

（3）下止（死）点：柴油机活塞在气缸中运动到最下端的位置。

（4）活塞行程：上、下止点之间的距离。活塞运动一个行程，曲柄回转半圈。

（5）四冲程直列柴油机型号：常由缸数+缸径符号（气缸直径）组成。如：型号为6135，代表柴油机有6只缸，缸径为135毫米；型号为6160，代表柴油机有6只缸，缸径为160毫米。

2. 基本组成

（1）主要固定部件：包括气缸盖、机体、气缸套、机座（油底壳）等，气缸盖、气缸套和活塞顶部形成的封闭空间称为燃烧室；机座和机体包围的空间称为曲轴箱（曲拐箱）。

（2）主要运动部件：包括活塞组件（活塞、活塞销、活塞环），连杆组件和曲轴。共同组成曲柄连杆机构，将活塞的往复运动转变为曲轴的回转运动。活塞环槽内安装有气环和刮油环，气环装在活塞上面，起密封、承磨、散热的作用，刮油环装在下面，起布油和刮油的作用，也能起到封气的辅助作用。安装时上下各环之间的搭口应错开 90°～120°或 180°，刮油环刃口向下，不能装反。中小型柴油机的活塞材料一般选用铝合金。为了提高耐磨性，活塞环表面需要进行镀铬处理。

二、四冲程柴油机工作原理

由进气、压缩、膨胀和排气四个行程（曲轴转两圈）完成一个工作循环的柴油机，称为四冲程柴油机。

（1）进气行程：曲轴旋转带动活塞从上止点向下止点运动，进气阀开，排气阀关，空气进入气缸。

（2）压缩行程：曲轴旋转带动活塞从下止点向上止点运动，进气阀关，排气阀关，气缸成为封闭空间，活塞对缸内空气进行压缩。

（3）膨胀行程：柴油与空气的混合气体在压缩终点的高温作用下，被引燃后剧烈燃烧，气缸内的压力和温度急剧升高，高温高压燃气膨胀推动活塞从上止点向下止点运行。膨胀行程是对外做功的行程。

（4）排气行程：活塞由下止点向上止点运动，进气阀关闭，排气阀打开，废气排出气缸。

为了多吸入新鲜空气，进气行程中的进气阀需要提前开启，为了尽可能地把废气排除干净，排气行程的排气阀需要延迟关闭。

三、柴油机主要系统

（1）配气系统组成：四冲程柴油机主要采用气阀式配气机构。气阀机构包括气阀、气阀导管、气阀弹簧、阀座等组成。气阀传动机构包括顶柱、顶杆、摇臂装置组成。柴油机气阀密封不良可能会造成功率下降、启动困难、柴油机不发火等故障。柴油机排出废气的正常颜色是无色或淡灰色。

（2）燃油系统组成：包括燃油供应和燃油喷射系统两部分。燃油供应系统由日用油箱、输送泵、燃油滤清器和低压管路组成。燃油喷射系统由喷油泵、高压油管和喷油器组成。为延长柴油机使用寿命，起航时，应进行充分热车，缓慢增加油门。

（3）润滑系统组成：分为湿油底壳和干油底壳两大类。

① 湿油底壳：起循环油柜的作用，飞溅润滑方式，主要应用于小型柴油机，常使用油标尺测量油位，油位处于两刻度之间为正常状态。

② 干油底壳：需要设置单独循环油箱，压力润滑方式，主要应用于大中型柴油机，在循环油柜上检查油位。运行时油位至少不低于吸油口位置。

（4）冷却系统组成：一般用淡水冷却柴油机缸套、缸盖、排气管等部件，然后再用江水冷却淡水冷却器和滑油冷却器等，前者称为闭式循环，后者称为开式循环。两者组成的冷却系统称为闭式冷却系统。闭式循环有膨胀水箱，水位一般保持在1/2至3/4之间为宜。开式循环的冷却水来自海底门，经过海底门滤网、水泵和冷却器后排出舷外。在寒冬季节里，完车后应注意机舱保温，必要时，在膨胀水箱中加入防冻剂。

（5）启动系统组成：启动方式有人力启动、电力启动、压缩空气启动等多种形式。

① 人力启动：通过摇把直接转动飞轮启动，适用于 20kW 以下的小型柴油机。

② 电力启动：用蓄电池给启动马达供电，马达通过齿轮带动飞轮转动启动，适用于 300kW 以下的柴油机，广泛应用于高速小型柴油机。

③ 压缩空气启动：可以提供很大的启动能量，普遍用于大中型柴油机。

四、气阀间隙检查与调整方法

（1）定义：柴油机在冷机状态下，气阀关闭时阀杆顶端与摇臂之间的间隙称为气阀间隙。目的是使气阀工作时受热膨胀留有余地，防止气阀受热膨胀后关闭不严而漏气。

（2）检查方法：如调整第一缸气阀间隙，首先盘车至第一缸上止点位置（对准飞轮刻度盘上的“1”），看气阀端摇臂是否落下，可通过转动顶杆或用螺丝刀轻轻撬动摇臂是否有一点松动的感觉来验证，或者用手左右轻轻摇动摇臂，如果感觉能动，则这个位置就是压缩上止点位置。如果气阀端摇臂相比较其他缸摇臂位置抬起，则此时处于进、排气上止点位置，应该再盘车一圈重新对准飞轮刻度盘上的“1”位置。选择厚度适合的塞尺插入气阀间隙进行测量，当塞尺能通过又有阻滞感时，读取塞尺的厚度值就是气阀间隙的大小。如塞尺厚度为 0. 30 代表厚度为 0. 30 毫米，即 30 丝。由于排气温度高于进气温度，所以一般排气阀间隙大于进气阀间隙。

（3）调整方法：如果测量的间隙值与说明书不符，应使用扳手、螺丝刀和塞尺进行调整。先用扳手松开锁紧螺丝，用螺丝刀转动调节螺钉（旋紧间隙变小，旋松间隙变大），同时用塞尺进行测量。间隙符合时，保持螺丝刀不动，用扳手上紧、锁紧螺丝即可。

五、喷油器的检查与调整方法

喷油器的试验与调整，包括启阀压力、雾化质量和针阀偶件密封性三项。当柴油机喷油器内的喷孔堵塞时，可先用煤油或柴油浸泡，然后再疏通。

（1）启阀压力的检查：排除喷油器油路空气，缓慢泵油，从压力表显示的数值观察开始喷油时的压力就是启阀压力。若此值与说明书规定值不符，应拧动调节螺钉进行调节，顺时针拧紧调高压力，逆时针拧松调低压力。

（2）密封性检查：泵油使油压保持在略低于启阀压力的一定数值上，然后停止泵油，观察油压降落速度，若油压降低很快，并且超过规定标准，说明密封性不良，应修复或换新；若油压能保持得很好，不超过规定标准，说明密封性良好。

（3）雾化质量检查：泵油时通过观察喷出的柴油雾花形状和分布情况来判断雾化质量。若油雾分布均匀，没有局部密集现象或油滴涌出，并发出清脆的“嘎嘎”声，说明雾化良好。反之，说明雾化不良，应修复或换新。

六、燃、润油基本知识

1. 油的主要性能指标

（1）黏度：油的黏度受其温度和压力的影响。当压力升高则黏度增大；温度升高则黏度降低。

（2）闪点：油气与空气的混合气体同火焰接触而闪火的最低温度称为闪点。船用燃油闪点应不低于65℃，以确保安全。

（3）凝点：油冷却到停止流动时的最高温度称为凝点。国家标准中，柴油的牌号是用凝点来表示的。

2. 燃油选用

（1）轻柴油国家标准：按凝点不同分为五个等级：-35#、-20#、-10#、0#、10#。选用轻柴油应根据最低环境温度而定，一般最低环境温度应高出凝点5℃以上。如当地气温为-5℃，选用-10#柴油即可，而不要选用-20#、-35#，因为柴油凝点越低，其价格越高。使用过低凝点的柴油，只会造成浪费。转速在1000转/分以上的柴油机由于其转速高，要求燃料的燃烧速度快，所以应选用轻柴油。

（2）按国标规定，重柴油分为三个等级：10#、20#、30#。对于低速柴油机，从用油的经济角度出发，一般应选用重柴油。

3. 润滑油选用

（1）润滑油习惯上称为机油，国际上采用SAE（美国汽车工程协会）分类法，把内燃机润滑油分为十个黏度等级，冬季六级：0W、5W、10W、15W、20W、25W；夏季四级：20、30、40、50。例如：SAE40（单式黏度），SAE15W-50（复式黏度）。在复式黏度中，W前的数字表示机油的低温流动性，数字越小，机油流动性越好（发动机磨损主要集中在冷启动瞬间，良好的机油流动性，能将发动机磨损降到最低）。W后的数字表示机油的高温黏度，数字越大，高温下保护性能越好。我国新标准也采用国际通用的美国汽车工程协会（SAE）黏度分级标准。

（2）采用API（美国石油协会）的分级标准，柴油机润滑油采用C系列，目前使用的有CA、CB、CC、CD、CE级，字母越靠后说明等级越高。我国新制定的内燃机润滑油标准也采用美国石油协会（API）分级标准。

例如：多级机油：CD15W-40

C-柴油机系列　D-质量级别　15W-低温时的黏度级别　40-高温时的黏度级别

第二节　船舶辅机

一、往复泵

基本结构与应用：主要由活塞、泵缸、吸入阀、排出阀等构成。有自吸能力，可以用来泵送有杂质的液体，适用于小流量、高压力以及要求自吸等场合，常用作污水泵。

二、齿轮泵

基本结构与应用：主要由主动齿轮、从动齿轮、泵体、端盖等构成，适用于泵送清洁并具有一定润滑性的液体，有自吸能力，但不如往复泵，起动前须保证泵内有油，以防干磨，排出压力较高，常用作滑油泵。

三、离心泵

基本结构与应用：主要由叶轮、泵壳、蜗室等构成。没有自吸能力，为避免干转，损坏轴封，起动前必须引水，适用于流量较大的场合，常用作冷却水泵、消防泵、压载泵等。

四、铅酸蓄电池的正确使用与日常维护管理

（1）蓄电池应置于干燥通风处，且保持适宜的温度，避免阳光直接照射，严禁烟火，并距离热源1米以上。

(2) 注液孔盖应旋紧密封，并注意螺帽上的通气孔应保持畅通。

(3) 长期不用时，应每个月进行一次充、放电。

(4) 定期检查电量（比重计、电压表测量）。

(5) 定期检查电解液的液面高度（高出极板 15 毫米），及时补充蒸馏水。

(6) 定期检查蓄电池极柱和连接线的紧密性，并对极柱表面涂以凡士林油防腐。

(7) 不得将金属物体置于蓄电池上，以免造成蓄电池短路。

(8) 若蓄电池着火，可用干粉或二氧化碳灭火器进行灭火。

五、电流的测量

测量直流电流通常都用磁电式安倍计，测量交流电主要采用电磁式安倍计。安倍计应串联在电路中，为了使电路的工作不因接入安倍计而受影响，安倍计的内阻必须很小。

采用电磁式安倍计测量电流时，因其测量机构（表头）允许通过的电流很小，不能直接测量较大电流，为了扩大它的量程，应该在测量机构上并联一个称为分流器的低值电阻。用电磁式安倍计测量交流大电流时，则利用电流互感器来扩大量程。

六、电压的测量

测量直流电压常用磁电式伏特计，测量交流电压常用电磁式伏特计。伏特计是用来测量电源，负载或某段电路两端的电压，所以必须和它们并联。为了使电路工作不因接入伏特计而受影响，伏特计的内阻必须很高，而测量机构的电阻较小，所以必须和它串联一个称为倍压器的高值电阻，量程将扩大。

多量程伏特计具有几个标有不同量程的接头，这些接头可分别与相应阻值的倍压器串联。电磁式伏特计和磁电式伏特计都须串联倍压器，如果测量交流高压时，则利用电压互感器来扩大量程。

七、安全用电常识及触电后的应急措施

1. 触电原因

由于缺乏安全用电常识或对电气设备使用操作管理不当，触电事故时有发生。钢质船舶整体属于良导体，且空间狭窄，设备密布，人体经常碰触到电气设备的金属壳体或构架。加之高温、潮湿等恶劣环境条件容易造成绝缘损坏，或安全接地因腐蚀或锈蚀而失去保护作用等，因此，船舶属于触电危险场所，应做好相应防范措施。

2. 触电急救注意事项

（1）就近拉断电源开关，否则应该用干燥不导电的衣物器具将触电者迅速脱离电源，人体各部分都不可直接触及触电者，避免连带触电，并防止触电者脱离电源时的碰伤或摔伤。

（2）将触电者置于通风温暖的处所，对呼吸微弱或已停止呼吸但心脏有跳动的要实施人工呼吸抢救；对呼吸和心脏都已经停止的要实施人工呼吸和人工心脏按压进行抢救。

第三节　轮机实际操作练习

1. 柴油机各系统检查（柴油、机油、冷却水）、启动，运行中监视各参数表数值（转速、机油压力、机油温度）。

2. 使用比重计测量铅酸蓄电池电量（注意自我防护，需要带防护手套，拿比重计姿势是否正确，各种颜色指示的电量状态）。

拧开蓄电池盖上的旋塞，用手拿着比重计，竖直向下捏紧橡皮球，把玻璃管中的空气挤掉，然后把比重计橡皮管伸入蓄电池盖的圆孔中，放松橡皮球，将电解液吸入管中，待管中的比重计完全浮起，读取比重颜色，黄色满电，绿色半电，红色没电。

3. 喷油器雾化实验（启阀压力试验，如压力不符进行调整，密封性试验，雾化质量检查）。

4. 气阀间隙测量与调整（工具选择，如何盘车，进、排气阀确认，测量，与规定值比较，如不符进行调整）。

第四章 船员安全知识与操作

第一节 内河小型船舶常识

一、内河小型船舶的种类和特点

内河小型船舶是人民群众出行的重要交通工具。按推进方式的不同，内河小型船舶可分为机动船和人力船。按载运对象的不同，内河小型船舶可分为以载客为主的客渡船和以载车为主的车渡船。内河机动小型船舶大部分是挂浆机（舷外机），少数为舱机船。

内河小型船舶的特点是船体较小，设施和设备简单，无独立的驾驶舱，旅客舱室多为开放式，操作简便，航程和航行时间短，船员人数少。

二、内河小型船舶的安全航速

所谓安全航速是指船舶能够采取适当而有效的避碰行动，并能在适合当时环境和情况的距离内把船停住的速度。也就是说，在适合当时环境和情况的距离内要避让来船时能有效避让，有必要把船停住时可以停住。但不能认为速度越低越安全，也不能认为减速航行就是使用了安全航速，增速行驶就是没有使用安全航速。安全航速没有定值，当快则快，当慢则慢。

船舶在决定安全航速时应当考虑的主要因素有：

（1）能见度：是船舶在决定安全航速时要考虑的首要因素。它关系到本船驾驶人员对船舶周围情况的了解，并直接影响驾驶员采取正确避让措施的时间和距离。

（2）通航密度：即单位面积水域中船舶的数量。一般来说，通航密度大的水域，船舶采取避让行动的回旋余地小，船舶会遇的机会增加，安全避让的难度加大。

（3）船舶的操纵性能：主要是船舶的旋回能力和船舶冲程。这两种性能将直接影响船舶采取避让行动的效果。

（4）风、浪、流的情况：这些因素都会对船舶操纵产生不利影响，对船舶采取避让行动带来限制。

（5）航道情况和周围环境。

第二节　社会责任

内河小型船舶船员承担着安全运送旅客的责任，其社会责任之重大是不言而喻的。这就要求内河小型船舶船员不仅要有过硬的驾驶船舶的技能，而且要有良好的心理素质。经验表明，一个身体健康、责任心强、技术高明、心理素质良好的船员是很少甚至不发生水上交通事故的。不良的心理素质会严重危害船舶航行安全。

一、危害安全的不良心理因素

1. 意志薄弱

一个意志薄弱的人面对各种压力是不能正视面临的困难的，而通常代之以紧张、无措、惊恐、逃避，甚至可能精神崩溃。

2. 自我控制能力不强

在危急的情况下表现出失去冷静、缺乏理智、急躁不安、盲目冲动等。

3. 悲观心理

受到挫折时思维判断能力下降，对紧张局面消极等待，贻误时机。

4. 骄傲自满和麻痹大意

自以为自己技术好，目空一切，总认为太平无事，无应急准备，出了意外，惊慌失措。

5. 侥幸心理

这种心理往往会违章航行。

二、遵守安全作业方法的重要性

安全作业方法主要包括人员职责分工、对操作对象的认识、操作的先后顺序、关键性动作的要求等。遵守安全作业方法的目的是顺应事物的客观规律，安全地完成作业任务。对关键性操作，现场应当有人监督，严格按作业规程操作，并制定预防措施。

大多数造成人员伤亡、船舶损失、环境污染的事故，是船员缺乏或不遵守安全作业方法，违背船员通常做法所致。统计表明，人为因素造成的直接或间接船舶安全和污染事故占事故总量的80%以上。人为因素涉及人的知识水平、技能、心理素质、安全意识等。遵守安全作业方法，不仅保护了船员的自身安全，也保护了船上旅客的安全，对船员个人和社会意义重大。

第三节 内河小型船舶的应急知识

一、船舶救生

船舶救生是指当船舶发生水上交通事故决定弃船或人员落入水中时，运用相关知识技能和救生设备，克服水上困难、减少水上危险，自救和争取他救，确保生命安全的过程。救生设备及其基本运用。内河小型船舶船员须掌握救生设备及其基本运用。内河小型船舶所配备的救生设备主要包括：救生衣和救生圈。也有少数船舶配有救生舢板。

1. 救生衣

（1）救生衣的存放。救生衣要放在居住处所或易于取用的地方；船上应在适当地点张贴救生衣使用方法示意图；乘客登船后，船上驾驶员或工作人员，应向乘客讲解救生衣的穿着方法；救生衣不得存放在潮湿、有油垢或温度过高的地方且不应加锁；救生衣存放的箱柜应有醒目标志；船员及乘客不要将救生衣做枕头或坐垫用，以免受压后浮力减少。

（2）救生衣的配备。内河小型船舶救生衣的配备应当按照《内河小型船舶检验技术规则 2016》执行。救生衣应涂成白色或橙色。

（3）救生衣的保养、检查。

① 每年应抽出一部分做浮力试验。

成人救生衣淡水中浮起 7.5 公斤重铁块 24 小时后浮力不得降低 5%；儿童救生衣淡水中浮起 5.0 公斤铁块 24 小时后浮力不得降低 5%。

② 每三个月检查一次有无霉烂、发脆和损坏，如有应及时修补、清洗和更新。

③ 必须保持清洁干燥，每月应晾晒一次。

④ 应经常检查每个人的救生衣是否放在正确的位置、保管是否妥善。

（4）救生衣的穿着。在应急时，应先穿厚衣服，再穿紧救生衣，穿救生衣要做到紧紧贴住身体，最好将救生衣用死结系紧。

2. 救生圈

（1）救生圈的存放。救生圈应分放在船舶的两舷容易拿到处，船尾至少应有一个，应能迅速取下，并不得永久性固定。

（2）救生圈的配备。内河小型船舶救生圈的配备应当按照《内河小型船舶检验技术规则 2016》执行。救生衣应涂成白色或橙色。

（3）救生圈的检查、保养。

① 每三个月抽测部分浮力：承受 14.5 公斤的铁块在淡水中浮达 24 小时。

② 经常核对其数量和放置的位置，查看其外表标记是否清晰、把手绳和救生圈架子是否完好牢固。

（4）救生圈正确使用。

① 正确抛投。船在停泊时，如有人落水，离船距离较近时，抛投者应一手握紧救生索，另一手将救生圈抛在落水人员的下流方向，无流有风时抛于上风；若位置较远时，可将救生索系在栏杆上，两手同时抛投。注意不要打在落水者身上。

② 在水中使用救生圈的方法。

方法 1：用手压一边使它竖起，另一手把住另一边，套进脖子，置于腋下；

方法 2：用两手压住一边使它竖起来，手和头部乘势伸入圈内，圈夹于腋下。

方法 3：有人采用一手抓住救生圈，另一手作划水动作。

3. 用救生舢板救人方法和注意事项

① 当听到有人落水的警报后，被指定执行任务的舢板应迅速

放到水面。

② 客渡船上指定专人时刻注意落水者的位置。

③ 操纵舢板的人员应穿上救生衣。

④ 舢板向落水者驶近时，应从下游下风接近之，速度不能太快。

⑤ 一般情况下，可用篙、浆之类给落水者攀抓，并把落水者引上舢板。

⑥ 营救人员最好不要直接用手去拉落水者。

⑦ 落水人多时，要分次施救，防止人多造成舢板翻沉。

二、船舶消防

1. 燃烧三要素

燃烧必须同时具备三个基本条件（或叫燃烧三要素），缺一不可。这就是可燃物、助燃物（空气中的氧气）、着火源。

（1）可燃物质：能在空气或其他氧化剂中发生燃烧反应的物质称为可燃物质。

（2）助燃物质：与可燃物质相互结合能导致燃烧的物质都叫助燃物质。

（3）着火源：凡能引起可燃物质燃烧的热能源都叫着火源。

2. 火的分类

常见的火有以下三种：

（1）普通可燃固体着火（甲类火）。如木材、棉花、绳索、衣服和煤炭等着火。这类火的特点是不仅在物体表面燃烧，而且能深入内部。灭火时，如果只将其表面火熄灭，而内部还有余燃，一旦条件具备，又会复燃。对于这类火，主要是用水来施救。

（2）可燃液体或可溶的固体着火（乙类火）。如石油、油漆、酒精和动植物油脂等着火。这类火只限于表面燃烧，但有爆炸的危险。这类火的特点是燃烧速度很快，温度也高，易引起爆炸，多采用干粉、泡沫、二氧化碳等来扑灭。油类比重比水小，会在水面漂浮而使火灾扩散。

（3）可燃气体着火（丙类火）。如液化石油气、天然气及各种可燃性气体引起的火灾。这类火易燃、易爆性大，爆炸的危险性比乙类火大。其较适宜的灭火剂为干粉。

3. 灭火方法

燃烧必须具备三要素，并且使三要素相互结合、相互作用。而灭火方法就是使这三个要素不相互发生作用。针对内河小型船舶可用如下灭火方法来扑救火灾。

（1）隔离法：就是将可燃物质从燃烧的地方移走，将火与可燃物质隔开；或迅速将燃烧物转移到安全地点或投入水中；或拆除火场附近的易燃物质；或关闭可燃气体或可燃液体的阀门；等等，这些都是采取隔离法进行的灭火措施。

（2）窒息法：使可燃物质与空气隔绝，火因缺氧而窒息，达到灭火的目的。比如用不燃的石棉毯、泡沫、干粉、沙子等覆盖在燃烧物表面，使空气中的氧起不了助燃作用。

（3）冷却法：降低燃烧物的温度，使燃烧温度低于燃烧物质的燃点温度而熄灭。比如用水直接喷洒在燃烧物上来降温灭火；又可用水对火源附近的可燃物进行喷射降低温度，阻止火灾的蔓延。

4. 常用灭火剂和手提式灭火器

在燃烧过程中，能有效地破坏燃烧条件达到中止燃烧目的的物质，称为灭火剂。内河小型船舶上常用的灭火剂有水、二氧化碳和化学干粉以及黄沙等。

（1）水。水是常用灭火剂，在灭火中广泛应用，用来扑灭普通可燃固体着火效果最佳。

（2）泡沫灭火剂：

① 灭火的对象：主要用于扑救油类火及部分可燃液体火灾；对普通可燃固体着火能起隔绝空气作用，但必须辅以喷水，才能彻底灭火。

② 手提式泡沫灭火器的使用方法。以旋转式泡沫灭火器为例，简介其使用方法。旋转式泡沫灭火器使用较方便，旋转手轮，使控制轴上的长槽正对螺钉；由于弹簧的作用将轴向上顶起，瓶盖随着轴一道上升，使之与瓶口脱开，此时，将筒身倒置，使两种药液于瓶口处相混合而发生化学反应，生成大量泡沫；随着泡沫的不断增加，筒内的压力随之增大，使其沿喷嘴向外喷出。

③ 使用泡沫灭火器的注意事项。喷射泡沫时，筒盖、筒底不可对着人身，防止发生意外爆炸时筒盖、筒底飞出伤人；若喷嘴被杂物堵塞，应将筒身平放在地面上，用铁丝疏通喷嘴，不能采用打击筒体等措施；灭火器在运送过程中不能过分倾斜或摇晃，更不能横置、颠倒或扛在肩上，以免两种药液混合而提前喷射；在喷射泡沫液的过程中，灭火器应保持颠倒的垂直状态，不能横置或直立过来，否则，中断喷射。

如果扑救流动油品火灾，应站在上风方面，尽量减少泡沫射流与地面的夹角使泡沫油近而远地逐渐覆盖在整个油面上。

④ 泡沫灭火器检查与保养。灭火器半年内应检查一次，如有失效应及时换新。存放地点的环境温度应在-8℃～45℃。若低于-8℃，易使灭火器内产生冰冻而失去作用；若超过45℃，会使内筒的碳酸氢钠分解出二氧化碳而失效；喷嘴应经常保持畅通，筒盖

内滤网每年应清洗一次。

（3）二氧化碳灭火剂。二氧化碳是一种无色无臭的惰性气体，本身不燃烧、不助燃，且便于储存。所以，二氧化碳在消防上仍是常用的有效灭火剂。

① 灭火对象。扑救可燃液体火灾时，能起冷却和窒息作用；扑救电气火灾效果较好；对甲类火能起控制作用，但必须尽快喷水，才能见效。

② 灭火注意事项。扑救可燃气体时灭火效果较差，一般不使用；对轻金属火灾不能起灭火作用；由于二氧化碳施放时，能出现低温，应防止手眼冻伤。二氧化碳能使人窒息，当吸入5%时人呼吸困难，超过10%时使人窒息而死亡；使用二氧化碳灭火前，必须报警，通知人员撤离，灭火时，可同时用水扑救。

③ 二氧化碳灭火器的使用方法。在发生火警而使用二氧化碳灭火器时，竖直提着手柄，翘起喷筒，将喷管口对准燃烧物质；尽可能站在上风位置；喷筒对准火焰根部，打开开关（手轮式按逆时针方向旋松即开启；捏挤式先拔去保险插销，再按下压把）后，高压的二氧化碳气体即自行喷出，手握喷管手柄即可调整喷射方向，但切勿用手接触非隔热部分，以防冻伤。

④ 二氧化碳灭火器注意事项。灭火器在喷射过程中应保持直立状态，切不可平放或颠倒使用；当不戴防护手套时，不要用手直接握喷筒或金属管，以防冻伤；在屋外使用时，应选择上风方向喷射。如有风，由于喷射出的二氧化碳易被风吹散，灭火效果很差；在狭小的室内空间使用时，灭火后操作者应迅速撤离，以防被二氧化碳窒息而发生意外；用二氧化碳扑灭室内火灾后，进入舱室前应先打开门窗通风，然后再进入。

⑤ 二氧化碳灭火器的检查与保养。每年检查一次，总重不得减少 5%；存放的环境温度不得超过 42℃，以防温度过高造成内压加大安全膜破裂而失效；每隔 5 年应对钢瓶进行一次水压实验，以保证安全。

（4）干粉灭火器。按照充装种类可分为普通干粉灭火器和超细干粉灭火器，是一种干燥的、易于流动的微细固体粉末。具有灭火效力大、速度快，无毒、不腐蚀、不导电和久储不变质等优点。

① 灭火对象：扑救可燃液体火灾，效果较好；扑救可燃气体火灾，效果也较好；对一般电器火灾，可以使用，但一些精密仪器火灾，谨慎使用；对可燃固体，只能起控制火灾作用，必须辅以喷水，才能见效。

② 灭火注意事项：喷射时，干粉飞扬，防止伤害人员呼吸道。

③ 干粉灭火器的使用方法：使用时把干粉灭火器取下，提到火场，站在火场上风；一手紧握喷嘴胶管，另一手拉住二氧化碳驱动气体钢瓶的提环，向上用力拉起，使二氧化碳喷到盛干粉的钢瓶中，形成较大压力，驱动干粉从喷嘴射出；手握喷嘴对着火焰根部快速而平稳地推移前进，直至将火熄灭。

④ 干粉灭火器注意事项：灭火过程中，灭火器应始终保持直立状态，不能横卧或颠倒使用，否则不能喷粉；扑救流散液体火灾时，应从火焰侧面，对准火焰根部，水平喷射，并由近及远，左右扫射快速推进，直至把火焰全部扑灭。

⑤ 干粉灭火器的检查与保养：干粉灭火器应放置在便于取用、通风、阴凉和干燥的地方，防止桶体受潮腐蚀；避免日光暴晒和强辐射热，以防驱动气体气瓶因气体受热膨胀，压力升高而漏气；各连接件要拧紧，不得松动；喷嘴胶塞要堵好，不得脱落，以保证良

好的密封性；每半年检查一次，防止干粉受潮结块，并对二氧化碳驱动钢瓶称重，检查其漏损率，若发现干粉结块或气瓶内气量不足时，应更换干粉或充气，防止急需使用时失效；干粉灭火器在保管、运输及使用中，严禁撞击和剧烈震动。

三、防止人员落水及人员落水的营救

1. 人员落水的预防

人员落水险情是指船舶发生事故、船员和旅客发生意外或其他原因造成人员落水的险情。

（1）对于内河客船而言，一旦发生事故，如果旅客秩序维持不好，性急的旅客就会跳水求生。因此，客船发生事故，必须维持好旅客秩序。

（2）供船员、旅客上下船的跳板必须安装防止人员落水的安全网，跳板垫需有防滑的垫子，旅客在上下船的过程中需安排足够人员维持好秩序，特别要关注老弱病残孕旅客。

（3）加强旅客在乘船期间的安全教育，严禁旅客攀爬栏杆或在舷边打闹、追逐，有小孩的旅客需时时照看好自己的小孩。

2. 人员落水的营救

（1）船员发现有人落水，应立即抛出救生圈或其他浮具营救。

（2）向驾驶室高呼："有人从×舷落水"，并用手势指明哪一舷落水或用哨子发出警报，注意跟踪瞭望。

（3）施救落水人员时，应根据河面风浪情况，尽量让落水人员处在下风舷侧救助上船。

（4）在营救过程中，驾驶人员一方面要积极营救，另一方面要注意本船的安全，以防顾此失彼，扩大损失。

四、急救常识

对内河小型船舶船员而言，需要掌握的急救常识主要是对溺水人员的施救。

溺水是指人体淹没于水中，大量的水经口、鼻进入呼吸道，造成呼吸道堵塞；或因吸入的液体刺激，引起喉头痉挛，导致病人缺氧性窒息，呼吸、心跳停止，患者可在4～7分钟内被溺死。因此，抢救工作必须及时。溺水者出水后的表现为面、唇、四肢青紫，全身冰冷，眼睛充血，面部浮肿，口鼻充满泡沫、泥沙等，意识丧失，心跳微弱或完全停止，呼吸不整或停止，上腹胀满。

现场急救方法：

（1）溺水者营救出水后，首先清除口鼻腔内异物，拉出舌头，使呼吸道畅通。

（2）迅速倒水动作以排出呼吸道和胃内的积水。

（3）如果溺水者呼吸和心跳停止，应立即进行人工呼吸和心脏按压。

溺水者是否要倒水，应视具体情况而定。对吸水较多者要倒，但要快。倒水动作主要有将溺水者俯卧，腹部垫高，头部下垂，用手压其背部使积水倒出；或者抱住溺水者的两腿，将其腹部放在施救者的肩部快步走动，使积水倒出。

人工呼吸是抢救中最重要的措施，以口对口吹气法最为可靠、最为简单有效。

口对口吹气法操作要领是托起溺水者下颌，头后仰；一只捏住鼻孔，不漏气；操作者深吸气，对准溺水者的口部吹入，注意不能漏气；停止吹气，胸廓下降后再吹气，每分钟16～20次；有效状态为吹气时胸部隆起，不吹气时鼻部有气流呼出或有呼吸音。

对溺水者也可以采用人工胸外心脏按压的人工呼吸抢救方法。

人工胸外心脏按压操作要领是将溺水者仰卧在硬板床上或地面上；施救者位于溺水者一侧，双手重叠，挤压溺水者胸骨中下1/3交界处，使病人胸骨下陷3厘米~4厘米，每分钟60~100次。注意按压不能过猛，以免病人骨折，也不能过轻，起不到效果，位置也不能过高、过低或不在胸骨上。

人工呼吸要有节奏、有耐心地连续进行，施救者要不怕疲劳，中途不能间歇，直到被救者自动呼吸恢复或死亡征象确已出现为止。

溺水者苏醒后可给饮热茶、姜汤类协助驱寒。同时要注意保暖。

第四节　内河小型船舶的应变部署

内河小型船舶所处环境复杂多变，随时可能发生各种危及船舶和人命安全的紧急事件。为了避免严重后果，把损失减到最低程度，每一船舶都应当根据人员状况、本船设备和情况，编制应变部署表，明确指定每个人在紧急情况下应到达的岗位以及执行的任务，定期进行各种训练和应变演习，使预定方案变成船员的本能，从而在发生紧急危险时能协同抢救，正确熟练地使用各种应急设备，有效控制局面。

一、应变部署

应变部署通常包括船舶进水应变部署、营救落水人员应变部署、船舶火灾应变部署。

内河小型船舶的应变部署中，对船员具体职责的分配应遵循的原则是：第一，关键部位、关键动作要派得力人手；第二，根据具体情况，可以一职多人或一人多职；第三，人员的编排应最有利于应急任务的完成。

二、应变演习

根据应变部署的安排，有针对性地组织相关人员经常参加应变演习。通过应变演习，可以检验船舶安全管理工作的好坏、船员应变意识的强弱、船员应变能力的高低以及船舶实际应变组织工作是否合理等。

三、应急行动

1. 船舶发生碰撞事故后的应急措施

（1）发生碰撞后，船舶应当立即停车，检查碰撞部位，如本船船首撞入他船船体，切忌盲目倒车，应慢车顶住他船破洞，驶往浅水区搁浅，以防大量进水沉没。

（2）检查船舶是否有破损进水。如有船破损进水，应视情况采取行动，具体见船舶进水应急措施。

（3）若本船受损不大、无其他危险时，立即驶靠被碰船舶协助抢险，首先救人。

（4）如是黑夜发生碰撞，应开启全部照明设备，以免旅客和船员在黑暗中摸索，造成混乱和人身伤亡事故。

（5）若碰撞后发现有人落水，按照人员落水的应急方法处理。

（6）碰撞发生后如一船沉没，应迅速抢救落水者，并记下该船沉没的位置，设置标记。如碍航应迅速向当地海事管理机构报告。

2. 船舶进水时的应急行动

内河小型船舶在航行中一旦发现船体进水，就要立即按应变部署的要求进行抢救。如果少量进水，告知乘客实际情况，要求乘客穿（拿）救生衣或救生浮具，同时进行堵漏。可用起子、木楔、棉花、布片和衣服等物堵塞，并派人观察碰撞位置和船内进水情况。如果进水量较大，危及船舶安全，告知乘客实际情况，要求乘客穿上救生衣或拿好救生浮具，组织船员利用衣服、麻袋、棉被等物进行堵塞，并用木板、木条等压住，同时利用能够排水的设施、设备全力排水，保证船舶不致沉没的前提下迅速将船舶驶往就近岸边或浅水区抢滩或搁浅。

3. 有人落水时的应急行动

当发现有人落水时，就要立即按应变部署的要求进行施救。首先向落水者抛出救生圈，同时要立即停车减速，同时操舵避开落水者，以免撞伤。派人将落水者救上船或岸，如有溺水的应当立即抢救。

4. 船舶发生火灾时的应急行动

内河小型船舶一旦发生火灾，就要立即按应变部署的要求进行扑救。首先派人维护船上旅客的秩序，引导旅客远离火场。同时根据火灾现场实际情况，一边控制火势，一边选用合适的灭火剂将火扑灭。当火势有扩大蔓延的趋势时，应立即在附近安全地点抢滩或靠岸，疏散旅客。

第五节　旅客安全管理

旅客乘船应当遵守内河小型船舶相关规定，渡口有专人维持秩序。旅客不能携带易燃、易爆等可能危及船上人身和财产安全的危险物品上船。渡船不得超载运输。有关旅客乘船的各项规定要在渡口的公示牌上标出。

旅客从上船、乘船到下船，安全始终都要放在第一位。单纯的客渡船是禁止载运汽车、农用三轮车、拖拉机等较大型车辆的；车渡船的上船顺序应当是先装车，后上客，下船顺序应当是先下客，后卸车。在旅客上下船过程中，应有专人指导、保护，防止有人落水和跌伤。

航行中出现紧急情况时，船员要保持镇定，在做好应急工作的同时，还要做好旅客的心理安抚工作，稳定旅客情绪，防止一些旅客因恐慌而不听指挥，盲目跳水逃生等造成意外伤害。

航行中出现紧急情况的确需要弃船时，船员应当将船迅速抢滩搁浅，引导旅客从船舷或船头或船尾没有危险的区域分批疏散，防止集中一舷抢下，造成船舶翻沉，扩大损害。

第六节　基本安全实际操作练习

1. 手提式二氧化碳灭火器的使用
2. 手提式干粉灭火器的使用
3. 口对口人工呼吸的操作
4. 心肺复苏胸外按压的操作
5. 用救生舢板施救落水人员的操作
6. 紧急情况下旅客管理及疏散

第五章 相关法规和规章简介

第一节 中华人民共和国内河交通安全管理条例（节选）

第三十五条 设置或者撤销渡口，应当经渡口所在地的县级人民政府审批；县级人民政府审批前，应当征求当地海事管理机构的意见。

第三十六条 渡口的设置应当具备下列条件：

（一）选址应当在水流平缓、水深足够、坡岸稳定、视野开阔、适宜船舶停靠的地点，并远离危险物品生产、堆放场所；

（二）具备货物装卸、旅客上下的安全设施；

（三）配备必要的救生设备和专门管理人员。

第三十七条 渡口经营者应当在渡口设置明显的标志，维护渡运秩序，保障渡运安全。渡口所在地县级人民政府应当建立、健全渡口安全管理责任制，指定有关部门负责对渡口和渡运安全实施监督检查。

第三十八条 渡口工作人员应当经培训、考试合格，并取得渡口所在地县级人民政府指定的部门颁发的合格证书。渡口船舶应当持有合格的船舶检验证书和船舶登记证书。

第三十九条 渡口载客船舶应当有符合国家规定的识别标志，

并在明显位置标明载客定额、安全注意事项。

渡口船舶应当按照渡口所在地的县级人民政府核定的路线渡运，并不得超载；渡运时，应当注意避让过往船舶，不得抢航或者强行横越。

遇有洪水或者大风、大雾、大雪等恶劣天气，渡口应当停止渡运。

第四十四条 任何单位和个人发现下列情况，应当迅速向海事管理机构报告：

（一）航道变迁，航道水深、宽度发生变化；

（二）妨碍通航安全的物体；

（三）航标发生位移、损坏、灭失；

（四）妨碍通航安全的其他情况。

海事管理机构接到报告后，应当根据情况发布航行通告或者航行警告，并通知航道、航标主管部门。

第四十六条 船舶、浮动设施遇险，应当采取一切有效措施进行自救。

船舶、浮动设施发生碰撞等事故，任何一方应当在不危及自身安全的情况下，积极救助遇险的他方，不得逃逸。

船舶、浮动设施遇险，必须迅速将遇险的时间、地点、遇险状况、遇险原因、救助要求，向遇险地海事管理机构以及船舶、浮动设施所有人、经营人报告。

第四十七条 船员、浮动设施上的工作人员或者其他人员发现其他船舶、浮动设施遇险，或者收到求救信号后，必须尽力救助遇险人员，并将有关情况及时向遇险地海事管理机构报告。

第五十条 船舶、浮动设施发生交通事故，其所有人或者经营人必须立即向交通事故发生地海事管理机构报告，并做好现场保护工作。

第五十二条 接受海事管理机构调查、取证的有关人员，应当如实提供有关情况和证据，不得谎报或者隐匿、毁灭证据。

第二节 安徽省水上交通安全管理条例（节选）

第十八条 设置或者撤销渡口，应当经渡口所在地县级人民政府批准。县级人民政府批准前，应当征求设区的市海事管理机构的意见，并听取当地居民意见；渡口跨县级行政区域的，还应当征求相关县级人民政府意见。

批准设置渡口，应当组织渡运安全论证；撤销渡口，批准机关应当公告。

第十九条 设置渡口应当具备下列条件：

（一）选址应当在水流平缓、水深足够、坡岸稳定、视野开阔、适宜船舶停靠的地点，并远离危险物品生产、堆放场所；

（二）渡口两岸建设有码头、道路、标志以及候渡、系缆、防碰、防滑等安全设施；

（三）配备必要的救生、消防等安全设备和专门管理人员。

禁止在有他船过往的水域设置缆渡。

第二十条 长江、淮河干流的渡口码头上下游各一百米范围内，其他河流、湖泊、水库等渡口码头上下游各五十米范围内，禁止游泳、停泊船筏、捕捞、采砂、堆砂以及其他影响渡运安全的行为，并设置警示标志。

第二十一条 渡口工作人员应当经培训、考试合格，取得渡口所在地县级人民政府交通运输行政主管部门颁发的合格证书。

第二十二条　渡口经营人应当按照核定的渡船装载定额和规定的技术规范渡运，不得指使、强令船员违章操作。

有下列情形之一的，禁止渡运：

（一）非汽车渡船载运汽车、拖拉机的；

（二）机动渡船未配备人力助航工具的；

（三）未按照规定配备适任船员的；

（四）未按照规定配备救生、消防设备的；

（五）旅客与危险物品混载的；

（六）载运超限、超载车辆的；

（七）达不到适航要求条件的。

第二十三条　县级以上人民政府应当安排财政资金保障公益性渡口渡船和安全设施的维护、更新。

县级以上人民政府应当对公益性渡口工作人员予以经济补贴，并按规定落实社会保障政策，具体办法由省人民政府制定。

第三节　中华人民共和国船员违法记分办法（节选）

第四条　船员累计记分周期（即记分周期）为 1 个公历年，满分 15 分，自每年 1 月 1 日始至 12 月 31 日止。

第五条　根据船员违法行为的严重程度，一次船员违法记分的分值为：15 分、8 分、4 分、2 分、1 分五种。

第六条　船员违法记分由船员违法行为发生地的海事管理机构管辖。船员违法行为发生地，包括船员违法行为的结果发现地、初始发生地和过程经过地。

第八条 船员一次存在两种以上违法行为的，应当分别计算，累计记分分值。对存在共同违法行为的船员，应当分别实施船员违法记分。对船员的同一违法行为，不得给予两次及以上船员违法记分。

第九条 船员在一个记分周期内累计记分达到15分的，最后实施船员违法记分的海事管理机构应当扣留其船员适任证书，责令其参加为期5日的水上交通安全、防治船舶污染等有关法律、行政法规的培训（以下简称“法规培训”）并进行相应的考试。

船员在一个记分周期内累计记分未达到15分的，记分分值重新起算。

第十条 船员在一个记分周期内两次及以上达到15分，或在连续2个记分周期内分别达到15分，或连续2个记分周期内累计记分达到40分的，最后实施船员违法记分的海事管理机构应当扣留其船员适任证书，责令其参加法规培训和考试，考试内容除理论部分外，还包括船员适任能力考核。

第十一条 船员需参加法规培训的，可向最后被实施船员违法记分地、船员注册地或船员适任证书签发地的海事管理机构报名。

海事管理机构收到船员的报名后，对符合上款规定的应在15个工作日内组织培训。

第十二条 法规培训应包括水上交通安全和防治船舶污染等管理法规、安全知识的教育和海事案例等内容。

第十三条 被扣留船员适任证书的船员经相应考试合格后，海事管理机构应发还其船员适任证书，记分分值重新起算。

第十四条 被扣留船员适任证书的船员未经考试合格的，不得在船舶上继续服务。

第十五条 本办法规定的法规培训及考试，不收取费用。

附件：内河船舶船员水上交通安全类违法记分分值标准（节选）

代码	行为名称	对象	分值	法律依据
21001	在船在岗期间饮酒，体内酒精含量超过规定标准的；在船在岗期间，服用国家管制的麻醉药品或者精神药品的	饮酒者 食药者	15	《船员条例》第二十条
21002	船长在弃船或者撤离船舶时未最后离船的	船长	15	《船员条例》第二十二条第（九）项
21003	由他人代替参加考试或者代替他人参加考试的	当事船员	15	《内河交通安全管理条例》第九条
21004	船舶、浮动设施发生水上交通事故后逃逸的	船长	15	《内河交通安全管理条例》第四十六条第二款
21005	转让、买卖或租借船员适任证书的	当事船员	15	《内河交通安全管理条例》第十三条
21017	船员考试作弊的	作弊船员	8	《内河交通安全管理条例》第九条

第六章　100 总吨以下船舶练习题

第一节　单项选择题

1. 船舶航行中发生火灾，根据火灾发生的位置操纵船舶，火源在船首时，应(　　)

A. 迎风行驶　　B. 顺风行驶

C. 侧风行驶　　D. 上风行驶

2. 机动船白天锚泊时，均应悬挂黑色圆球(　　)。

A. 一个　　B. 二个

C. 三个　　D. 不需要挂

3. 设置水密横舱主要是为了保证船舶的(　　)。

A. 浮性　　B. 摇荡性

C. 稳性　　D. 抗沉性

4. 在其他条件相同的情况下，船舶在深水航道中航行的停车冲程 (　　)在浅水航道中航行的停车冲程。

A. 大于　　B. 小于

C. 等于　　D. 有时大于，有时小于

5. 船员用的救生衣应按船员定额的(　　)配备。

A. 90%　　B. 100%

C. 105%　　D. 110%

6. 船舶在航行中当对来船动态不明表示怀疑时，应立即采取(　　)行动，以防止碰撞。

A. 向右转向　B. 向左转向

C. 减速、停车，必要时倒车　D. 立即抛锚

7. 下列不属于造成能见度不良常见原因的是(　　)。

A. 下雾　B. 下雪

C. 夜晚天黑　D. 下暴雨

8. 在能见度不良的情况下，在航的客渡船应当鸣放(　　)。

A. 二短一长声　B. 一长声

C. 五短声　D. 两长一短声

9. 船舶声号表示“我将要离泊”“我将要横越”，以及要求来船或者附近船舶注意，应鸣放(　　)。

A. 一长声　B. 二长声

C. 三长声　D. 上述均不对

10. 船舶作大舵角快速转向时，会产生横倾，它是(　　)。

A. 内倾　B. 外倾

C. 先内倾后外倾　D. 先外倾后内倾

11. 台风在未来(　　)小时影响本地区称为台风紧急警报。

A. 12　B. 24

C. 36　D. 48

12. 机动船搁浅，白天应悬挂黑色圆球(　　)。

A. 一个　B. 二个

C. 三个　D. 五个

13. 同流向的两横越船交叉相遇，有他船在本船右舷者，它们的避让关系是(　　)。

A. 他船让本船　　B. 他船或本船视情让路

C. 本船让他船　　D. 上述均可

14. 船舶在任何时候应当以安全航速行驶的目的是(　　)

A. 判明来船动态　　B. 了解周围情况

C. 能够采取有效的避让行动，防止碰撞

D. 加强瞭望

15. 内河船舶船员适任证书的有效期不超过(　　)。

A. 3 年　　B. 5 年

C. 6 年　　D. 10 年

16. 一方船舶不同意另一方船舶要求的声号应是(　　)。

A. 四短声　　B. 三短声

C. 二短声　　D. 一短声

17. 两机动船对驶相遇时，上行船与下行船的避让关系是(　　)。

A. 上行船避让下行船　　B. 下行船避让上行船

C. 上行与下行的避让要看情况

D. 以上均可

18. 在可以追越的航道中，后船欲从前船左舷追越时，应鸣放(　　)。

A. 两长一短声　　B. 两长二短声

C. 一长声　　D. 二长声

19. 《航行日志》用完后应在船上妥善保存，保存期限为(　　)。

A. 1 年　　B. 2 年

C. 3 年　　D. 5 年

20. 甲乙两机动船对驶相遇，双方逼近有碰撞危险时，甲船警告乙船注意，应当鸣放(　　)。

A. 一长声　　B. 五短声

C. 一短声　　D. 三短声

21. 根据《中华人民共和国船员违法记分办法》，船员在船上值班期间，体内酒精含量超过标准的，应给予当事船员记(　)。

A. 8分　　B. 10分

C. 12分　　D. 15分

22. 船上有人自右舷落水，应鸣放(　　)。

A. 三长声　　B. 三长一短声

C. 三长二短声　　D. 二长一短声

23. 一机动船在追越另一机动船的过程中，它们的避让关系是(　　)。

A. 追越船避让被追越船　　B. 被追越船避让追越船

C. 追越船与被追越船的避让要看情况

D. 以上均可

24. "两长一短声"是表示追越船要求从前船(　　)通过。

A. 左舷　　B. 右舷

C. 左舷或右舷　　D. 上述均对

25. 根据《中华人民共和国船员违法记分办法》，船员在考场中存在作弊行为的应给当事船员记(　　)。

A. 8分　　B. 10分

C. 12分　　D. 15分

26. 当船上发生电器设备着火时，禁止使用(　　)灭火器灭火。

A. 二氧化碳　　B. 泡沫

C. 普通干粉　　D. 超细干粉

27. 柴油机气缸内压缩的物质是(　　)。

A. 空气　　B. 燃油

C. 氧气　　D. 燃气（可燃混合油气）

28. 在柴油机强制液体冷却中，最理想的冷却介质是(　　)。

A. 滑油　　B. 淡水

C. 柴油　　D. 海水

29. 柴油机正常工作时的排烟颜色应该是(　　)。

A. 白色　　B. 黑色

C. 淡灰色或无色　　D. 蓝色

30. 属于柴油机运动部件的是(　　)。

A. 缸盖　　B. 缸套

C. 连杆　　D. 机架

31. 柴油机检查底壳润滑油时，抽出的油标尺有两个刻度线，油位应在油标尺(　　)位置。

A. 下刻度以下　　B. 下刻度以上

C. 上下刻度之间　　D. 上刻度以上

32. 电力启动柴油机在(　　)内没能启动，应立即释放按钮，停止1~2分钟后再次启动，如果连续三次未能启动时，应停止启动，待查出原因并排除故障后再行启动。

A. 3秒　　B. 15秒

C. 30秒　　D. 60秒

33. 发生电器火灾时，应该(　　)。

A. 先救火，后报警，再切断电源

B. 先报警，后救火，再切断电源

C. 先切断电源，后救火并及时报警

D. 先救火，再切断电源并报警

34. 船舶发生污染事故后，应立即采取措施，并尽快向(　　)报告。

A. 海事机构　　B. 港务公司

C. 当地政府　　D. 本单位

35. 保持蓄电池通气孔畅通，蓄电池室要通风良好，严禁烟火，主要原因是(　　)。

A. 防止极板硫化　　B. 散热需要

C. 防爆　　D. 防止触电事故

36. 当有人触电时，错误的做法是(　　)。

A. 立即断电　　B. 直接用手拉开

C. 用木制器挑开触电者　　D. 戴绝缘手套拉开触电者

37. 内河交通安全管理遵循(　　)、预防为主、方便群众和依法管理的原则。

A. 安全第一　　B. 船东利益第一

C. 财产第一　　D. 船期第一

38. 施救落水人员时，应根据河面风浪情况，尽量让落水人员处在施救船(　　)侧救助上船。

A. 上风舷　　B. 下风舷

C. 船首　　D. 船尾

39. 内河客船是指载客超过(　　)人的船舶。

A. 5　　B. 12

C. 15　　D. 20

40. 适任证书持有人具备一定条件的，可在证书有效期届满(　　)内向原发证机构申请重新签发。

A. 前6个月　　B. 后6个月

C. 前1年　　D. 后1年

41. 下列有关客渡船装载大型牲口描述错误的是(　　)。

A. “严禁人畜混装”，这里的“畜”指猪、牛、羊、马等大型牲口

B. 装运大型牲口时，其他旅客可以一同乘坐

C. 装运大型牲口时，必须安排专人对其进行控制，且不能载客

D. 尽可能不要发出过大声响，避免惊吓牲口

42. 客船上，乘客用的救生衣及救生浮具应当按乘客总数的(　　)%配备。

A. 110　　B. 100

C. 50　　D. 105

43. 客船上的救生圈(　　)。

A. 应当集中存放于储藏室

B. 应合理分散悬挂于甲板两舷易取之处

C. 应永久牢固存放于易取之处

D. 应合理分散悬挂于乘客舱室

44. 在进行口对口人工呼吸时，每分钟(　　)次比较适宜。

A. 8 ~ 10　　B. 12 ~ 14

C. 16 ~ 20　　D. 25 ~ 30

45. 船舶弃船令应由(　　)发布。

A. 船长　　B. 大副
C. 值班驾驶员　　D. 轮机长指示

46. 对于内河车渡船，旅客和车上船、下船的顺序应该是(　)。

A. 装车后上客、下客后卸车
B. 上客后装车、卸车后下客
C. 同时上下
D. 先来先上先下、后来后上后下

47. 救生浮具的颜色应为白色或(　)。

A. 红色　　B. 橙黄色
C. 绿色　　D. 蓝色

48. 在客渡船重要场所，应公布该场所的(　)示意图，使得所有人员都能了解在各种紧急情况下的逃生路径。

A. 旅客游览路线　　B. 逃生路线
C. 本船航线　　D. 本船通道

49. 对于救生衣的检查和保养，应当(　)检查一次有无霉烂、发脆和损坏。

A. 每月　　B. 每三个月
C. 每年　　D. 经常

50. 下列有关客渡船航行必须具备条件描述错误的是(　)。

A. 持有合格的船舶检验证书
B. 持有船舶登记证书
C. 配备符合学历教育水平的船员
D. 配备符合国务院交通主管部门规定的船员

第二节 判断题

（请在题前括号内，对打“√”，错打“×”）

1. 除另有规定外，机动船单船夜航时，应当显示白光桅灯一盏，左绿右红光舷灯各一盏，白光尾灯一盏。（×）

2. “能见度不良”是指由于雾、霾、下雪、暴风雨、沙暴等原因，而使能见度受到限制的情况。（√）

3. 根据规定，在狭窄、弯曲、滩险航段、桥梁水域和船闸引航道行驶时禁止追越或并列行驶。（√）

4. 在可以追越的航道中，追越船只要通过高频联系并取得前船同意后，无须鸣放声号，即可以追越。（×）

5. 在湖泊、水库、平流区域，单船应当避让对驶相遇的船队。（√）

6. 船舶抛锚时，风、流来自一舷，则应抛下风、顺流一舷的锚。（×）

7. 船员服务簿是船员的职业身份证。（√）

8. 根据《内河避碰规则》第十七条规定，不论有何规定，机动船应当避让在航施工的工程船。（√）

9. “横越”是指船舶由航道一侧横向或接近横向驶向另一侧，或者横向驶过顺航道行驶船舶的船首方向。（√）

10. “对驶相遇”是指顺航道行驶的两船来往相遇，包括对遇或接近对遇、互从左舷或右舷相遇、在弯曲航道相遇，但不包括两横越船相遇。（√）

11. 船舶在内河航行时，上行船舶应当沿主流或航道中间行驶，下行船舶应当沿缓流或航道一侧行驶。（×）

12. 两机动船相遇，双方避让意图经声号统一后，避让行动不得改变。(√)

13. 横越船都必须避让顺航道或河道行驶的船，并不得在顺航道行驶船的前方突然和强行横越。(√)

14. 船舶一短声含义为我正在向右转；要求对驶相遇的船舶从我左舷会船。(√)

15. 柴油机的排烟颜色呈白色，是因为机油进入燃烧室来不及燃烧，随废气一起排出而出现的现象。(×)

16. 选用轻柴油要根据当地冬天最低环境温度确定，一般最低环境温度应等于轻柴油凝点温度。(×)

17. 熔断器主要用于失压保护。(×)

18. 在严寒冬季，当环境气温低于5℃时，应将机器的冷却水放净，或采取防冻措施。(√)

19. 如果线路保险丝烧断，查明原因排除后，新换上的保险丝容量应比原保险丝大一些。(×)

20. 主机铭牌上常见的 r/min 或 RPM 就是指每秒钟转多少转。(×)

21. 在船舶沉没、毁灭不可避免的情况下，只有报经船舶所有人同意，船长才可以决定弃船，发布弃船令。(×)

22. 内河船员适任证书持有者违法记分是每一公历年为一个记分周期。(√)

23. 内河船舶年度、中间检验可在证书到期前后3个月内进行。(×)

24. 内河船舶除本船船员以外，乘员达到7人以上的船舶均属客船。(×)

25. 客渡船驾驶员应当经过适任培训、考试合格，并取得船员适任证书。(√)

26. 客渡船紧急疏散的顺序是先船员，后旅客，最后船长。(×)

27. 客渡船可以装载危险货物，但要托运。(×)

28. 客渡船疏散旅客时应考虑船舶稳性，防止旅客向一舷过度集中。(√)

29. 救生衣系结顺序是先系领口结，后系腰带结。(×)

30. 在接到弃船指令时，为了保证快速撤离，应向旅客广播："船要沉了，大家快跑啊!"(×)

第三节　实际操作题

1. 滑行驶靠操纵

(1) 适用条件：风力小，水流平缓，码头下方水域宽阔。

(2) 信号使用：靠泊前，鸣放两长声，表示"我要靠泊"。

(3) 通报动态：VHF 报告本船靠泊动态，与码头泊位联系。

(4) 操纵要点：

① 顶流靠泊：如果顺流驶来，应先掉头（显示掉头信号）。

② 船速控制：视流速和航速，决定停车时机。一般离码头下端点 2 ~3 倍船长停车。

③ 确定横距：与码头外沿保持 0.5 ~1 倍船长的横距滑行。

④ 驶靠角：小角度，不大于 15°。

⑤ 车舵配合：当船首与码头尾端接近正横，外舵调顺船身。速度快，倒车抑制；速度慢，则短时加车提舵，慢慢滑到泊位。

⑥ 缆绳配合：通常先带首倒缆，再出其余各缆。

（5）收尾工作：缆绳挽牢，完车舵，显示停泊信号。

2. 进退车掉头操纵

（1）地点选择：航道宽度狭窄。

（2）掉头方向：右旋车向右掉头（左旋车向左掉头）。

（3）掉头信号：掉头前 5 分钟，夜间除显示在航号灯外，还应当显示上红下白环照灯各一盏，白天悬挂上为圆球一个、下为回答旗一面的信号，掉头结束，信号熄灭或落下。掉头前还应当鸣放掉头声号（向右掉头鸣放一长一短声，向左掉头鸣放一长两短声），倒车时，应鸣放三短声。

（4）通报动态：掉头前，应用 VHF 通报本船动态及掉头方向等，以期来往船舶注意和配合。

（5）掉头时机：注意周围环境清爽，无碍来往他船航行时。

（6）掉头操纵：

① 拉大档子：到掉头地点前，向掉头相反方向操舵。

② 降低车速：降低船速，减小回转运动的纵距、横倾和旋回初径。

③ 进车掉头：进车，右旋车向右掉头（左旋车向左掉头）。

④ 停车倒车：转向 40°～60°时，停车，船首继续偏转，开倒车。

⑤ 反舵后退：后退中，右旋车首右偏，反舵首也右转（左旋车反之）。

⑥ 进车操舵：当船首接近原反航向时，进车，右旋车右舵（左旋车反之）。

⑦ 调顺船身：掉好头，调顺船身，进入计划航线。

3. 后退抛单锚操纵

（1）锚地选择：

锚地选择要符合以下条件：水深适宜、底质良好、河底平坦、水流平稳、能避风。

（2）锚位选择：进出航道方便，回旋水域范围足够，注意让开航道、远离航标、危险品码头、障碍物等，且便于定位、查看走锚。

（3）联系通报：VHF通报周围船舶动态，注意避让。

（4）后退抛锚法操作要点：

① 夹角宜小：即船身与外力（风、流）方向夹角宜小，根据本船装载情况，顶着作用力强的方向抛锚。顶风、顶流或顶风流合力方向。

② 船速宜小：抛锚时，船速微退为好（静止不宜抛锚，退速太快，也可开进车控制后退速度）。

③ 一抛到底：刚抛锚，要一次抛出，至锚链不再自然下落状态。

（5）判断抓牢：锚链松出至预定长度，刹住。在风流外力作用下，锚链会慢慢拉直，部分抬出水面，微微抖动数下，然后又慢慢沉入水中，锚链呈松弛状态，说明锚已抓牢；如果锚链在张紧一下后立即松弛，且船身继续后退，则锚未抓牢，应继续松链，直到抓牢为止。

（6）信号显示：在船舶抛锚后，立即开启锚灯；白天升挂锚球。

4. 小角度驶离泊位操纵（首离）

（1）适用条件：系靠码头前方水域宽敞无碍，水流平稳。

（2）信号使用：离泊前，鸣放一长声，表示“我要离泊”。

（3）通报动态：VHF 报告本船离泊动态，注意码头附近来船。

（4）操纵要点：

① 解缆扬首：车备妥后，前后准备好，驾驶台活车、试舵，若正常，解掉所有缆绳，船尾报告尾清爽，开慢进车，稍用外舵，使船首外扬一小角度。

② 慢离码头：慢车，边操外舵边稳舵，使船慢慢离开码头。初期船尾没有完全离开码头，车速和舵角不宜大，船尾应主动报驾驶台船尾与码头距离，以防船尾扫碰码头。

5. 船舶在能见度不良时的航行操作

（1）减速航行，任何情况下都要使用安全航速。

（2）及时通报船位和动态，与来船和周围附近船舶保持密切联系。

（3）按规定鸣放雾号。

（4）通知有关人员备车、备锚，派员瞭头。

（5）利用一切有效手段保持正规瞭望，及时判断碰撞危险。

（6）采取有效避让行动，避免形成紧迫局面。

（7）及早做好锚泊准备工作，尽快找到锚地抛锚扎雾。

6. 船舶在航行中主机突然发生故障的应急措施

（1）利用余速控制航向，避开危险水域，驶向安全水域。

（2）船位要抢占上风流方向，延长被风压向岸边或浅滩的时间。

（3）测深、备锚。

（4）悬挂主机失灵信号，通过 VHF 等设备提醒过往船舶注意。

（5）如果情况紧急，应立即抛锚稳住船身，控制船前进。

7. 船舶发生碰撞事故后的应急措施

（1）发生碰撞后，船舶应当立即停车，检查碰撞部位；如本船舶首撞入他船船体，切忌盲目倒车，应慢车顶住他船破洞，驶往浅水区搁浅，以防大量进水导致沉没。

（2）检查船舶是否有破损进水。如破损进水，应视情况采取行动，具体见船舶进水应急措施。

（3）若本船受损不大、无其他危险时，立即驶靠被碰船舶协助抢险，首先救人。

（4）如是黑夜发生碰撞，应开启全部照明设备，以免旅客和船员在黑暗中摸索，造成混乱和人身伤亡事故。

（5）若碰撞后发现有人落水，按照人员落水的应急方法处理。

（6）碰撞发生后如一船沉没，应迅速抢救落水者，并记下该船沉没的位置，设置标记。如碍航应迅速向当地海事管理机构报告。

8. 船舶进水时的应急措施

航行中一旦发现船舶进水，立即按照应变部署的要求进行抢救。

（1）如果破损位置在水线以下，船体有少量进水，告知乘客实际情况，要求乘客穿上救生衣或拿好救生浮具，安抚乘客情绪。

（2）进行堵漏。可用起子、木楔和棉花、布片、衣服等物堵塞漏洞，并派人察看碰撞位置和船内进水情况。

（3）如果破损较大、进水量较多，危及船舶安全，组织船员利用衣服、麻袋、棉被等物进行堵塞，并用木板、木条等压住，同时利用能够排水的设施、设备全力排水。

（4）根据排水效率，保证船舶不致沉没的前提下迅速将船舶驶往就近岸边或浅水区抢滩或搁浅。

（5）抢滩成功后立即撤离人员，撤离顺序是先旅客，后船员，最后船长。

9. 弃船时的应急措施

（1）听到弃船警报以后，所有船员立即穿好救生衣，保持镇静，按照应变部署进行。

（2）船长应当指挥船员尽力抢救航行日志、轮机日志、贵重文件、贵重物品、现金、账册等，离船时应有专人负责。

（3）弃船前，船长应尽力操纵船舶，使其沉没于航道外靠岸的浅水区，防止妨碍航道，并为以后的打捞施救工作创造便利条件。

（4）弃船时，船长必须采取一切措施，首先组织老、弱、妇、幼和旅客安全离船，然后安排船员离船，船长应携带降下的国旗最后离船。

（5）弃船时，如果难船倾斜过大，尚未离船人员可沿绳索或绳梯下水，或将脚朝下，两手抱在胸前跳入水中；如果船舶倾斜过度，应从尚未沉入水中的船首或船尾离船。

（6）离船后应立即游开，尚未来得及穿救生衣的人员应立即寻找救生圈或漂浮物，并游向就近岸边或其他救援船艇。

10. 船舶发生火灾时的应急措施

（1）应立即报告驾驶台，发出火警信号，弄清失火部位，用附近灭火器扑灭初火。

（2）操纵船舶使失火部位处于下风处，以免火势蔓延。

（3）要注意风向、风速和航速的关系，以免助长火势。

（4）查明火灾性质，采取相应的灭火方法，全力扑救。

（5）用通信设备发出警告信息，以求得就近港口或附近过往船舶的援助。

（6）客船应妥善维护旅客秩序，必要时做好安全转移工作，切忌慌乱。

（7）若火势不易扑灭，应将船迅速驶往浅水区或触坡进行抢救，万一弃船也不至沉没。

11. 主机各动力系统检查

（1）电力启动系统检查。检查电瓶电量（电压表指示或比重计测试电解液密度颜色指示）。

（2）燃油系统检查。油位检查，油箱放残，必要时系统除气（松放气螺钉，手动按压输送泵）。

（3）滑油系统检查。内、外循环系统检查。外循环油箱油位半箱至大半箱高度，至少不低于吸入口位置。内循环油底壳油位位于油标尺两刻度之间。轴系油柜油位检查，油位保持2/3左右。熟悉油路走向。

（4）冷却系统检查。外循环确认海底阀及管路各阀打开，内循环水箱水位保持2/3高度左右。

（5）进排气系统检查。空气滤网检查，确认滤网清洁无阻碍。

12. 主机试车启动

（1）确认主机周围没有异物阻碍。

（2）主机润滑系统预润滑，手动泵油至少至0.1MPa。

（3）盘车。开启缸头放气螺丝（如有），手动盘车（一定要缓慢），至少盘两圈，然后关闭放气螺丝（如有）。

（4）主机试车启动。试车放小油门位置，遇到临界转速快速越过。15 秒内滑油压力未建立应立即停机检查。

（5）试车完毕，与驾驶台联系，油门置于停车位置，等待驾驶台用车。

13. 主机启动后的参数监视和调整

（1）润滑系统检查。检查机油压力，如果 15 秒内未建立油压，应立即停车检查；滑油系统底壳油位处于油标尺两刻度之间。

（2）检查主机转速。一般转速表红色区域代表临界转速区域，为了避免共振，造成疲劳破坏，尽量避免主机转速在红色区域内，如果表指针在红色区域应快速越过。能准确读取转速。

（3）冷却系统检查。冷却水压力、温度是否正常，膨胀水箱水位在 1/2 ~2/3，如果是外循环，应确认海底门及相关阀件处于开启状态。

（4）察看烟囱烟色是否正常。刚启动主机时会有一些黑烟或蓝烟，随着时间的推移，最终应该变为轻灰色或无色。

14. 主机运行中管理

（1）检查主机转速。

（2）液位、各参数检查。

① 检查日用燃油柜油位，放残。

② 检查机油压力、温度、油位。

内循环滑油系统底壳油位处于油标尺两刻度之间，外循环系统循环柜油位一般为油箱高度的一半至大半位置，最低不低于吸入口位置。

③ 齿轮箱油压力、温度、油位。

④ 冷却水压力、温度、膨胀水箱水位。

（3）检查启动电瓶电量。通过启动电瓶电压表指示或比重计测试电解液比重方式测试电瓶电量情况。根据电压表指示或比重计不同颜色指示能准确判断电瓶电量。

（4）察看烟囱烟色是否正常。正常为浅灰色或无色。

15. 柴油机启动困难或无法启动：燃油系统常见原因及处理措施

（1）燃油系统内有气体。措施：启动前系统充油驱气。打开燃油滤器或高压油泵上的放气螺丝，松开燃油输送泵锁紧弹簧按压至气体排除干净。

（2）柴油滤清器堵塞。措施：拆开清洗或更换滤芯。

（3）柴油内含水分。措施：检查日用油箱，放残水。打开日用油柜放残阀或旋开柴油滤清器下部的旋塞除水。

（4）喷油器雾化不良。措施：调整并检修喷油器（启阀压力、密封性、雾化），必要时更换针阀偶件。

（5）供油提前角不对。措施：按规定调整。

（6）喷油器回油阀未旋紧不喷油。措施：顺时针方向旋紧。

（7）高压油泵柱塞套筒偶件卡死或泄漏严重。措施：更换柱塞套筒偶件。

16. 柴油机启动困难或无法启动：启动系统、配气系统和润滑系统常见原因及处理措施

（1）启动系统原因：

① 电启动系统，蓄电池电力不足。

措施：用万用表检查蓄电池电压或用比重计测试蓄电池电量，冬季或寒冷地区，应对蓄电池采取保温措施。

② 柴油机带有负荷。

措施：将负荷脱离。

（2）配气系统原因：

① 进气滤网脏堵严重。

措施：清洗滤网。

② 气缸、活塞、活塞环密封不严，气阀漏气严重。

措施：检修各部件，保证燃烧室气密。

③ 缸头与气缸密封不严，燃气漏气严重、气缸压缩压力过低。

措施：检修缸头与气缸密封面，更换缸头垫床。

（3）润滑系统原因：冬季环境温度过低，润滑油黏度太大。

措施：做好机舱保温措施，冬季选用低黏度的润滑油。

17. 船舶在航行中发现本船人员落水后的应急措施

（1）立即停车，向落水者一舷操舵，防止螺旋桨将落水者打伤。

（2）向落水者上游抛出救生圈或者其他救生浮具供落水者攀附。

（3）按规定鸣放人落水声号和显示信号，并用高频告知周围船舶，使过往船舶注意并协助搜救。

（4）派人跟踪瞭望，夜间应打开探照灯和其他照明设备搜寻。

（5）操纵船舶从下游、下风方向靠近落水者。

（6）操纵船舶应适当靠近落水者位置，尽快救援落水者。

18. 客渡船弃船演练

（1）发出弃船警报（六短一长声，连放一分钟）。

（2）用广播或其他形式召集旅客、船员至集合地点。

（3）保持逃生应急通道畅通无阻，做好线路指引或标牌指示，重点位置指派船员值守。

（4）查看旅客穿救生衣情况，穿着救生衣是否正确。

（5）等船舶靠稳或抢滩后，从两舷或船头、船尾能够撤离的地方分批次撤离。撤离顺序是先旅客，后船员，最后船长。

19. 口对口人工呼吸施救溺水人员

（1）将溺水人员捞出水面，平躺放置于平地，解开衣领。

（2）将溺水者头部侧向于一边，清除口鼻腔内异物，拉出舌头，使呼吸道畅通。

（3）如果吸水较多，将溺水者俯卧，腹部垫高，头部下垂，用手压其背部使积水流出。

（4）托起溺水者下颌，头后仰，捏住鼻孔；施救者深吸气，对准溺水者的口部吹入，注意不能漏气。

（5）停止吹气，合上嘴巴，放开鼻孔，胸廓下降后再打开嘴巴、捏住鼻子再吹气，重复以上吹气动作，保持每分钟16～20次。

（6）中途不能间歇，直到被救者自动呼吸恢复或专业救护医师到达为止。

20. 心肺复苏胸外按压施救溺水人员

（1）如果溺水者没有心跳，施救者位于溺水者头部一侧，使溺水者呼吸道保持畅通。

（2）施救者双手重叠，挤压溺水者胸部两乳中间处，使溺水者胸骨下陷约3厘米～4厘米，每分钟80～100次。注意按压不能过猛，以免病人骨折。

（3）如果只有一人施救，心脏按压和口对口人工呼吸的比例是30∶2。

（4）人工呼吸要有节奏、有耐心地连续进行，中途不能间歇，直到被救者自动呼吸恢复或专业救护医师到达为止。

附　录

1. 关于我省内河 100 总吨以下船舶船员培训考试和发证工作的通知

各市地方海事局，皖江、江淮、淮河船员管理中心：

为贯彻落实《中华人民共和国内河船舶船员适任考试和发证规则》《安徽省乡（镇）客渡船舶交通安全管理办法》等相关规定，规范我省 100 总吨以下内河船舶船员的管理，现就我省 100 总吨以下内河船舶船员培训、考试和发证工作作如下要求：

一、本通知所指的我省 100 总吨以下内河船舶船员，是在客渡船（我省长江干线除外）和乘员定额在 12 人以下（不含 12 人）客船（小型快速）上任职的船员，100 总吨以下其他船舶船员培训考试和发证按照我省三类船舶船员管理的相关规定执行。

二、省地方海事局对我省 100 总吨以下内河船舶船员的培训、考试和发证工作进行统一管理。各市地方海事局具体负责辖区内 100 总吨以下船舶船员培训监管，以及考试和发证工作。

三、适任培训的实施：需由辖区内已取得适任培训资质的培训机构开展 100 总吨以下船员适任培训，由各市地方海事局负责监管，培训学时见培训考试大纲（见附录 2），30 客位以上的客（渡）船和高速船船员的特殊培训，仍按照中华人民共和国海事局关于印发《内河船舶船员特殊培训考试和发证办法》的通知（海船员〔2015〕90号）及其实施该办法有关事项的通知执行，培训期间，各海事机构要监督、检查培训纲要和培训学时的实施情况，做到检查有记录，提出的问题有具体整改措施。

四、适任考试的要求：各海事机构每半年公布一次考试班期，制定考试应急预案和组织适任考试，考试成绩需在10个工作日内向航运企业、船民予以公布。

五、适任证书签发：理论和实际操作考试成绩合格者，签发适任证书。客渡船和小型快速客船船员适任证书证书类别、职务资格栏打印“内河三类驾驶员”（限100总吨以下）；证书编号为身份证号码，证书的有效期为5年，航线签注分别为“XX渡口”或“XX库区”等。100总吨以下内河船舶船员持有的适任证书到期的，换发适任证书，其签注方法同上。

2011年公布的《关于加强我省100总吨及以下内河小型船舶和小型快速客船船员培训考试和发证工作的通知》（皖海船员〔2011〕239号）、《关于我省100总吨及以下内河小型船舶和小型快速客船船员培训考试和发证工作的补充通知》（皖海船员函〔2011〕70号），以及2013年公布的《关于我省100总吨及以下船舶船员培训考试和发证工作的通知》（皖海船员〔2013〕85号）同时废止。

安徽省地方海事局

2017年10月9日

2. 安徽省内河100总吨以下船舶船员适任培训考试大纲（总24学时）

培训内容	学时
第一部分　驾驶常识	16
1. 驾驶常识	5
1.1 船舶常识	1
1.1.1 船舶各部位的组成及名称	
1.1.2 船舶主尺度的定义	
1.1.3 船舶总吨位、净吨位、排水量、载重量的概念	
1.1.4 锚设备、舵设备的作用	
1.2 船舶操纵基本知识	2
1.2.1 操舵要领及注意事项	
1.2.2 船舶冲程的定义，影响船舶冲程的因素	
1.2.3 风和流对船舶操纵的影响	
1.2.4 船舶掉头方法及注意事项	
1.3 气象常识	1
1.3.1 灾害性天气预报	
1.3.2 几种常见的不良天气	
1.4 特殊情况下的操纵	1
1.4.1 船舶碰撞、触礁、搁浅后的应急措施	
1.4.2 船舶在车、舵失控以及桨叶被绞缠等事故时的应急措施	
2. 避碰与信号	5
2.1 总则	2
2.1.1 总则的作用	

（续表）

培训内容	学时
2.1.2 责任条款理解	
2.1.3 定义条款	
2.2 航行和避让	2
2.2.1 正规瞭望的理解	
2.2.2 决定安全航速时应考虑的因素	
2.2.3 避让原则	
2.2.4 避让行动中有关横越船的具体规定	
2.2.5 船舶在能见度不良时的行动	
2.3 声响信号	1
2.3.1 常用声号	
2.3.2 遇险信号	
3. 驾驶实际操作	6

培训内容	学时
第二部分　轮机常识	8
1. 船舶动力装置	4
1.1 柴油机常用名词	
1.2 四冲程柴油机工作原理	
1.3 柴油机主要系统基本组成、日常维护及常见故障排除方法	
1.3.1 配气系统基本组成、日常维护及故障排除	
1.3.2 燃油系统基本组成、日常维护及故障排除	
1.3.3 润滑系统基本组成、日常维护及故障排除	
1.3.4 冷却系统基本组成、日常维护及故障排除	

（续表）

培训内容	学时
1.3.5 柴油机常见启动方式及操作要求	
1.4 气阀间隙检查与调整方法	
1.5 喷油器的检查与调整方法	
1.5.1 喷油器的功用及工作要求	
1.5.2 喷油器的检查与调整	
1.6 燃、润油料基本知识	
2. 船舶辅机管理	1
2.1 离心泵的基本结构与应用	
2.2 往复泵的基本结构与应用	
2.3 齿轮泵的基本结构与应用	
2.4 蓄电池的正确使用及日常维护管理	
3. 轮机实际操作	3

培训内容	学时
第三部分　安全知识与相关法规	8
1. 内河小型船舶常识	1
1.1 内河小型船舶的种类和特点	
1.2 内河小型船舶的安全航速	
2. 社会责任	1
2.1 船员群体及其心理特征	
2.2 危害安全的不良心理因素	
2.3 遵守安全作业方法的重要性	
2.4 船员的个人责任和群体责任	

（续表）

培训内容	学时
3. 内河小型船舶应急知识	1
3.1 内河小型船舶安全基础知识	
3.2 应变部署和程序	
3.3 应急行动	
3.4 几种可能发生的紧急情况的预防与控制	
4. 旅客安全管理	1
4.1 旅客乘船一般安全知识	
4.2 旅客安全上、下船程序	
4.3 紧急情况下旅客的心理安抚	
4.4 紧急情况下旅客的疏散	
5. 法规	1
5.1《中华人民共和国内河交通安全管理条例》	
5.2《安徽省水上交通安全管理条例》	
5.3《船员违法记分办法》	
6. 基本安全实际操作	3

后　记

本书共收编了100道试题，其中，单项选择50题，判断30题，实操20题，由王臣、刘小四、汪铁轮、王成负责编写。本书由王成、梁金华统稿，并邀请马鞍山中江船务汪绍贵、合肥熔安动力公司鹿伦敏、皖江船员管理中心孙嗣赋、安庆市地方海事局项金国和省航运技工学校有关专家参与审定。感谢池州海城船员职业培训学校提供的帮助。由于水平有限以及时间紧张，编者虽竭尽努力，仍难免有错漏，恳请读者批评指正！

编　者

2017.12.13

图书在版编目(CIP)数据

安徽省内河100总吨以下船舶船员培训实用手册/安徽省地方海事局，安徽省航海学会编．—合肥：合肥工业大学出版社，2017.12

ISBN 978－7－5650－3824－2

Ⅰ.①安…　Ⅱ.①安…②安…　Ⅲ.①内河航行—船员—技术培训—手册
Ⅳ.①U675.5－62

中国版本图书馆CIP数据核字(2017)第330192号

安徽省内河100总吨以下船舶船员培训实用手册

安徽省地方海事局
安徽省航海学会　编　　　责任编辑　王钱超

出　版	合肥工业大学出版社	版　次	2017年12月第1版
地　址	合肥市屯溪路193号	印　次	2018年1月第1次印刷
邮　编	230009	开　本	880毫米×1230毫米　1/32
电　话	人文编辑部：0551－62903205	印　张	3.25
	市场营销部：0551－62903198	字　数	72千字
网　址	www.hfutpress.com.cn	印　刷	合肥市广源印务有限公司
E-mail	hfutpress@163.com	发　行	全国新华书店

ISBN 978－7－5650－3824－2　　　定价：25.00元